大方廣佛華嚴經 讀誦

22

❀ 일러두기

1. 『독송본 한문·한글역 대방광불화엄경』은 실차난타가 한역(695~699)한 80권 『대방광불화엄경』의 한문 원문과 한글역을 함께 수록한 것이다. 한문에는 음사와 현토를 부기하였다.

2. 원문의 저본은 고종 2년(1865) 월정사에서 인경한 고려대장경 『대방광불화엄경』에 한암 스님이 현토(1949년)한 것을 범룡 스님이 영인 출판(1990년)한 『대방광불화엄경』이다.

3. 한문은 저본에서 누락되었거나 글자가 다르다고 판단된 부분은 저본인 고려대장경 각권의 말미에 교감되어 있는 내용을 중심으로 하고 봉은사판 『대방광불화엄경수소연의초』와 신수대장경 각주에서 밝힌 교감본을 참조하여 보입하고 수정하였다.

4. 한글 번역은 동국역경원에서 발간한 한글 『대방광불화엄경』(운허)을 중심으로 하고 『신화엄경합론』(탄허)과 『대방광불화엄경 강설』(여천무비) 그리고 최근의 여타 번역본 등을 참조하였다.

5. 저본의 원문에서 이체자의 경우 혼글이 제공하는 이체자는 그대로 살리고 혼글이 제공하지 않는 글자는 통용되는 정자로 바꾸었다. 예) 間 → 閒 / 焰 → 燄 / 宫 → 宮 / 偶 → 稱

6. 한글 번역은 독송과 사경을 위하여 정확성과 아울러 가독성을 고려하였다. 극존칭은 부처님과 불경계에 대해서만 사용하였다.

7. 독송본의 차례는 일러두기 → 본문 → 화엄경 목차 → 간행사의 순차이다.
   (법공양판에는 간행사 다음에 간행불사 동참자를 밝혀 두었다.)

8. 독송본의 한글역은 사경의 편의를 도모하기 위해 그 편집을 달리하여 『사경본 한글역 대방광불화엄경』으로 함께 간행한다. 독송본과 사경본 모두 80권 『대방광불화엄경』의 권별 목차 순으로 간행한다.

독송본 한문 · 한글역

대방광불화엄경 제22권
大方廣佛華嚴經 卷第二十二

23. 승도솔천궁품
昇兜率天宮品 第二十三

실차난타 한역
수미해주 한글역

大方廣佛華嚴經第二十二卷變相

대방광불화엄경 제22권 변상도

대방광불화엄경
제22권

23. 승도솔천궁품

대방광불화엄경 권제이십이
大方廣佛華嚴經 卷第二十二

승도솔천궁품 제이십삼
昇兜率天宮品 第二十三

이시 불신력고 시방일체세계일일사천하
爾時에 佛神力故로 十方一切世界一一四天下

염부제중 개견여래 좌어수하 각유보
閻浮提中에 皆見如來가 坐於樹下어시든 各有菩

살 승불신력 이연설법 미불자위항
薩이 承佛神力하고 而演說法하야 靡不自謂恒

대어불
對於佛이러니라

대방광불화엄경 제22권

23. 승도솔천궁품

그때에 부처님의 위신력으로 시방 일체 세계의 낱낱 사천하 염부제 가운데 여래께서 나무 아래에 앉아 계시는 것을 다 보았다. 각각 보살이 있어 부처님의 위신력을 받들어 법을 연설하며 항상 부처님을 대하고 있다고 스스로 생각하지 않음이 없었다.

이시 세존 부이신력 불리어차보리수
爾時에 世尊이 復以神力으로 不離於此菩提樹

하 급수미정 야마천궁 이왕예어도
下와 及須彌頂과 夜摩天宮하시고 而往詣於兜

솔타천일체묘보소장엄전
率陀天一切妙寶所莊嚴殿하시니라

시 도솔천왕 요견불래 즉어전상 부
時에 兜率天王이 遙見佛來하고 卽於殿上에 敷

마니장사자지좌
摩尼藏師子之座하니라

기사자좌 천제묘보지소집성 과거수
其師子座가 天諸妙寶之所集成이며 過去修

행선근소득 일체여래신력소현 무량
行善根所得이며 一切如來神力所現이며 無量

그때에 세존께서 다시 위신력으로 이 보리수 아래와 수미산 정상과 야마천궁을 떠나지 아니하시고, 도솔타천의 일체 미묘한 보배로 장엄된 궁전으로 나아가셨다.

그때에 도솔천왕이 멀리서 부처님께서 오시는 것을 보고, 곧 궁전에 마니장 사자좌를 펴 놓았다.

그 사자좌는 하늘의 모든 미묘한 보배로 만들어진 것이며, 과거에 수행한 선근으로 얻은 것이며, 일체 여래의 위신력으로 나타난 것이며, 한량없는 백천억 나유타 아승지 선근으로

백천억나유타아승지선근소생　일체여래
百千億那由他阿僧祇善根所生이며　一切如來

정법소기　무변복력지소엄영
淨法所起며　無邊福力之所嚴瑩이니라

청정업보　불가저괴　관자흔락　무소염
淸淨業報라　不可沮壞며　觀者欣樂하야　無所厭

족　　시출세법　비세소염　일체중생
足이며　是出世法이라　非世所染이며　一切衆生이

함래관찰　　무유능득구기묘호
咸來觀察호대　無有能得究其妙好러라

유백만억층급　주잡위요　백만억금망
有百萬億層級이　周帀圍遶하며　百萬億金網과

백만억화장　백만억보장　백만억만장　백
百萬億華帳과　百萬億寶帳과　百萬億鬘帳과　百

생긴 것이며, 일체 여래의 청정한 법으로 된 것이며, 가없는 복의 힘으로 아름답게 장엄된 것이었다.

청정한 업의 과보이므로 파괴할 수 없으며, 보는 이들이 기뻐하고 즐거하여 만족해 싫어함이 없으며, 출세간의 법이므로 세간에 물든 바가 아니며, 일체 중생이 모두 와서 관찰하여도 그 미묘하고 아름다움을 끝까지 궁구할 이가 없었다.

백만억 층계가 두루 둘렀고, 백만억 금그물과 백만억 꽃휘장과 백만억 보배휘장과 백만

만억향장　　장시기상　　화만수하　　향기
萬億香帳으로 **張施其上**하고 **華鬘垂下**하야 **香氣**

보훈　　백만억화개　　백만억만개　　백만억
普熏하며 **百萬億華蓋**와 **百萬億鬘蓋**와 **百萬億**

보개　　제천집지　　사면항렬　　백만억보
寶蓋를 **諸天執持**하고 **四面行列**하며 **百萬億寶**

의　이부기상
衣로 **以敷其上**하나라

백만억누각　　기환장엄　　백만억마니망
百萬億樓閣이 **綺煥莊嚴**하며 **百萬億摩尼網**과

백만억보망　　미부기상　　백만억보영락
百萬億寶網으로 **彌覆其上**하며 **百萬億寶瓔珞**

망　사면수하
網이 **四面垂下**하나라

억 화만휘장과 백만억 향휘장을 그 위에 둘러 치고 화만을 드리워 향기가 널리 풍기었다. 백만억 꽃일산과 백만억 화만일산과 백만억 보배일산을 모든 천신들이 받들고 사면으로 줄 지어 섰으며, 백만억 보배옷을 그 위에 펼쳤다.

백만억 누각이 찬란하게 장엄되었으니, 백만억 마니그물과 백만억 보배그물이 그 위에 가득 덮이었고, 백만억 보배영락그물이 사면에 드리워졌다.

백만억장엄구망　　백만억개망　　백만억의
百萬億莊嚴具網과　百萬億蓋網과　百萬億衣

망　　백만억보장망　　이장기상　　백만억
網과　百萬億寶帳網으로　以張其上하며　百萬億

보련화망　개부광영　　백만억보향망　　기
寶蓮華網이　開敷光榮하며　百萬億寶香網에　其

향미묘　칭열중심
香美妙하야　稱悅衆心하니라

백만억보령장　기령미동　　출화아음
百萬億寶鈴帳에　其鈴微動하야　出和雅音하며

백만억전단보장　향기보훈　　백만억보화
百萬億栴檀寶帳에　香氣普熏하며　百萬億寶華

장　기화부영　　백만억중묘색의장　세소
帳에　其華敷榮하며　百萬億衆妙色衣帳이　世所

백만억 장엄구그물과 백만억 일산그물과 백만억 옷그물과 백만억 보배휘장그물이 그 위에 둘리었다. 백만억 보배연꽃그물은 꽃피어 찬란하였고, 백만억 보배향그물은 그 향기가 아름답고 미묘하여 대중들의 마음을 기쁘게 하였다.

백만억 보배풍경휘장에서는 그 풍경이 조금 흔들려 화평한 소리를 내고, 백만억 전단보배휘장에서는 향기가 널리 풍기고, 백만억 보배꽃휘장에서는 그 꽃이 한창 피었고, 백만억 온갖 미묘한 색 옷휘장은 세상에 희유한 것이

희유
希有하나라

백만억보살장　　백만억잡색장　　백만억진
百萬億菩薩帳과　百萬億雜色帳과　百萬億眞

금장　　백만억유리장　　백만억종종보장　　실
金帳과　百萬億瑠璃帳과　百萬億種種寶帳을　悉

장기상　　백만억일체보장　　대마니보　　이
張其上하며　百萬億一切寶帳을　大摩尼寶로　以

위장엄
爲莊嚴하나라

백만억묘보화　　주잡영식　　백만억빈바
百萬億妙寶華가　周帀瑩飾하며　百萬億頻婆

장　　수묘간착　　백만억보만　　백만억향
帳이　殊妙閒錯하며　百萬億寶鬘과　百萬億香

었다.

백만억 보살휘장과 백만억 잡색휘장과 백만억 진금휘장과 백만억 유리휘장과 백만억 갖가지 보배휘장을 모두 그 위에 둘렀으며, 백만억 일체 보배휘장을 큰 마니보배로 장엄하였다.

백만억 미묘한 보배꽃이 두루 밝게 장식하였고, 백만억 빈바휘장이 아주 미묘하게 사이사이 섞이었고, 백만억 보배화만과 백만억 향화만이 사면에 드리웠다.

백만억 하늘 견고한 향에서는 그 향기가 널

만　사면수하
鬢이 **四面垂下**하니라

백만억천견고향　기향보훈　백만억천장
百萬億天堅固香에 **其香普熏**하며 **百萬億天莊**

엄구영락　백만억보화영락　백만억승장
嚴具瓔珞과 **百萬億寶華瓔珞**과 **百萬億勝藏**

보영락　백만억마니보영락　백만억해마
寶瓔珞과 **百萬億摩尼寶瓔珞**과 **百萬億海摩**

니보영락　장엄좌신　백만억묘보증채
尼寶瓔珞이 **莊嚴座身**하며 **百萬億妙寶繒綵**로

이위수대
以爲垂帶하니라

리 풍기고, 백만억 하늘 장엄구영락과 백만억 보배꽃영락과 백만억 훌륭한 보배창고영락과 백만억 마니보배영락과 백만억 바다 마니보배 영락이 사자좌의 전체를 장엄하고, 백만억 미묘한 보배비단으로 띠를 드리웠다.

백만억인다라금강보　　백만억자재마니보
百萬億因陀羅金剛寶와　百萬億自在摩尼寶와

백만억묘색진금장　　　이위간식　　　백만억
百萬億妙色眞金藏으로　以爲間飾하며　百萬億

비로자나마니보　　　백만억인다라마니보
毗盧遮那摩尼寶와　百萬億因陀羅摩尼寶가

광명조요
光明照耀하니라

백만억천견고마니보　　이위창유　　　백만억
百萬億天堅固摩尼寶로　以爲窓牖하며　百萬億

청정공덕마니보　　　창시묘색　　　백만억청정
淸淨功德摩尼寶가　彰施妙色하며　百萬億淸淨

묘장보　　이위문달　　　백만억세중최승반월
妙藏寶로　以爲門闥하며　百萬億世中最勝半月

보　　백만억이구장마니보　　　백만억사자면
寶와　百萬億離垢藏摩尼寶와　百萬億師子面

　　백만억 인다라 금강보배와 백만억 자재한 마니보배와 백만억 미묘한 색 진금장으로 사이사이 장식하였으며, 백만억 비로자나 마니보배와 백만억 인다라 마니보배에서는 광명이 밝게 빛났다.

　　백만억 하늘의 견고한 마니보배는 창문이 되고, 백만억 청정한 공덕 마니보배는 묘한 색을 밝게 드러내고, 백만억 청정하고 미묘한 창고의 보배로 문이 되었다. 백만억 세상에서 가장 수승한 반달보배와 백만억 때를 여읜 창고 마니보배와 백만억 사자얼굴 마니보배가 사이사이 장엄하였다.

마니보　간착장엄
摩尼寶로 閒錯莊嚴하니라

백만억심왕마니보　소구여의　　백만억염
百萬億心王摩尼寶가 所求如意하며 百萬億閻

부단마니보　백만억청정장마니보　백만
浮檀摩尼寶와 百萬億淸淨藏摩尼寶와 百萬

억제당마니보　함방광명　　미부기상
億帝幢摩尼寶가 咸放光明하야 彌覆其上하며

백만억백은장마니보　백만억수미당마니
百萬億白銀藏摩尼寶와 百萬億須彌幢摩尼

보　장엄기장
寶로 莊嚴其藏하니라

백만억진주영락　백만억유리영락　백만
百萬億眞珠瓔珞과 百萬億瑠璃瓔珞과 百萬

억적색보영락　백만억마니영락　백만억
億赤色寶瓔珞과 百萬億摩尼瓔珞과 百萬億

백만억 심왕 마니보배에서는 구하는 것이 뜻대로 되며, 백만억 염부단 마니보배와 백만억 청정장 마니보배와 백만억 제당 마니보배에서는 모두 광명을 놓아 그 위를 가득 덮었으며, 백만억 백은장 마니보배와 백만억 수미당 마니보배로 그 속을 장엄하였다.

백만억 진주영락과 백만억 유리영락과 백만억 적색 보배영락과 백만억 마니영락과 백만억 보배광명영락과 백만억 갖가지 창고 마니영락과 백만억 매우 보기 좋은 적진주영락과 백만억 가없는 색상창고 마니보배영락과 백만억 극히 청정하여 견줄 데 없는 보배영락과 백만

보광명영락   백만억종종장마니영락   백
寶光明瓔珞과 百萬億種種藏摩尼瓔珞과 百

만억심가락견적진주영락   백만억무변색
萬億甚可樂見赤眞珠瓔珞과 百萬億無邊色

상장마니보영락   백만억극청정무비보영
相藏摩尼寶瓔珞과 百萬億極淸淨無比寶瓔

락   백만억승광명마니보영락   주잡수
珞과 百萬億勝光明摩尼寶瓔珞으로 周帀垂

포   이위장엄   백만억마니신   수묘엄
布하야 以爲莊嚴하며 百萬億摩尼身으로 殊妙嚴

식   백만억인다라묘색보
飾하며 百萬億因陀羅妙色寶하나라

억 수승한 광명 마니보배영락이 두루두루 드리워 장엄하였다. 백만억 마니몸으로 수승하고 미묘하게 장식하고, 백만억 인다라 미묘한 색 보배가 있었다.

백만억흑전단향 百萬億黑栴檀香과 백만억부사의경계향 百萬億不思議境界香과

백만억시방묘향 百萬億十方妙香과 백만억최승향 百萬億最勝香과 백만억 百萬億

심가애락향 甚可愛樂香이 함발향기 咸發香氣하야 보훈시방 普熏十方하며 백 百

만억빈바라향 萬億頻婆羅香이 보산시방 普散十方하며 백만억정광 百萬億淨光

향 香이 보훈중생 普熏衆生하며 백만억무변제종종색향 百萬億無邊際種種色香이

보훈일체제불국토 普熏一切諸佛國土하야 영불헐멸 永不歇滅하니라

백만억도향 百萬億塗香과 백만억훈향 百萬億熏香과 백만억소향 百萬億燒香이

향기발월 香氣發越하야 보훈일체 普熏一切하며 백만억연화장침 百萬億蓮華藏沈

백만억 검은 전단향과 백만억 부사의한 경계향과 백만억 시방의 미묘한 향과 백만억 가장 수승한 향과 백만억 매우 사랑스러운 향이 모두 향기를 발산하여 시방에 널리 풍기며, 백만억 빈바라향이 시방에 널리 흩어지고, 백만억 깨끗한 광명향이 중생에게 널리 풍기며, 백만억 끝없는 갖가지 색의 향이 일체 모든 부처님 국토에 널리 풍기어 길이 없어지지 아니하였다.

백만억 바르는 향과 백만억 쏘이는 향과 백만억 사르는 향이 향기가 멀리 퍼져 일체에 널리 풍기고, 백만억 연화장 침수향은 큰 소리

수향　출대음성　　백만억유희향　　능전중
水香이 出大音聲하며 百萬億遊戲香이 能轉衆

심　　　백만억아루나향　　향기보훈　　　기미
心하며 百萬億阿樓那香이 香氣普熏하야 其味

감미　　　백만억능개오향　　보변일체　　　영
甘美하며 百萬億能開悟香이 普徧一切하야 令

기문자　　제근적정　　　부유백만억무비향왕
其聞者로 諸根寂靜하며 復有百萬億無比香王

향　　　종종장엄
香으로 種種莊嚴하니라

우백만억천화운　　우백만억천향운　　　우
雨百萬億天華雲하며 雨百萬億天香雲하며 雨

백만억천말향운　　우백만억천구소마화
百萬億天末香雲하며 雨百萬億天拘蘇摩華

를 내며, 백만억 유희향은 여러 마음을 능히 움직이며, 백만억 아루나향은 향기가 널리 풍겨서 그 맛이 감미로우며, 백만억 능히 깨닫게 하는 향은 일체에 널리 두루하여 그것을 맡는 자로 하여금 모든 근이 적정하게 하며, 다시 백만억 견줄 데 없는 향왕인 향으로 갖가지 장엄을 하였다.

백만억 하늘 꽃구름을 비내리며, 백만억 하늘 향구름을 비내리며, 백만억 하늘 가루향구름을 비내리며, 백만억 하늘 구소마꽃구름을 비내리며, 백만억 하늘 붉은 연꽃구름을 비

운　　우백만억천파두마화운　　우백만억
雲하며 雨百萬億天波頭摩華雲하며 雨百萬億

천우발라화운　　우백만억천구물두화운
天優鉢羅華雲하며 雨百萬億天拘物頭華雲하며

우백만억천분다리화운
雨百萬億天芬陀利華雲하니라

우백만억천만다라화운　　우백만억일체천
雨百萬億天曼陀羅華雲하며 雨百萬億一切天

화운　　우백만억천의운　　우백만억마니
華雲하며 雨百萬億天衣雲하며 雨百萬億摩尼

보운　　우백만억천개운　　우백만억천번
寶雲하며 雨百萬億天蓋雲하며 雨百萬億天幡

운　　우백만억천관운　　우백만억천장엄
雲하며 雨百萬億天冠雲하며 雨百萬億天莊嚴

구운　　우백만억천보만운　　우백만억천
具雲하며 雨百萬億天寶鬘雲하며 雨百萬億天

내리며, 백만억 하늘 청색 연꽃구름을 비내리며, 백만억 하늘 황색 연꽃구름을 비내리며, 백만억 하늘 백색 연꽃구름을 비내렸다.

백만억 하늘 만다라 꽃구름을 비내리며, 백만억 일체 하늘 꽃구름을 비내리며, 백만억 하늘 옷구름을 비내리며, 백만억 마니보배구름을 비내리며, 백만억 하늘 일산구름을 비내리며, 백만억 하늘 깃발구름을 비내리며, 백만억 하늘 관구름을 비내리며, 백만억 하늘 장엄구구름을 비내리며, 백만억 하늘 보배화만구름을 비내리며, 백만억 하늘 보배영락구름을 비내리며, 백만억 하늘 전단향구

보영락운　　　　우백만억천전단향운　　　우백
寶瓔珞雲하며　雨百萬億天栴檀香雲하며　雨百

만억천침수향운
萬億天沈水香雲하니라

건백만억보당　　　현백만억보번　　　수백만
建百萬億寶幢하며　懸百萬億寶幡하며　垂百萬

억보증대　　　연백만억향로　　　포백만억보
億寶繒帶하며　然百萬億香爐하며　布百萬億寶

만　　지백만억보선　　집백만억보불　　현
鬘하며　持百萬億寶扇하며　執百萬億寶拂하며　懸

백만억보령망　　미풍취동　출묘음성
百萬億寶鈴網하야　微風吹動에　出妙音聲하니라

백만억보난순　　주잡위요　　백만억보다라
百萬億寶欄楯이　周帀圍遶하며　百萬億寶多羅

름을 비내리며, 백만억 하늘 침수향구름을 비내렸다.

백만억 보배깃대를 세우고, 백만억 보배깃발을 달고, 백만억 보배비단띠를 드리우고, 백만억 향로에 향 사르고, 백만억 보배화만을 벌여 놓고, 백만억 보배부채를 들고, 백만억 보배불자를 쥐고, 백만억 보배풍경그물을 달아 미풍에 흔들려 묘한 소리를 내었다.

백만억 보배난간이 두루 둘렀고, 백만억 보배다라나무가 차례로 줄지어 서있으며, 백만억 보배창문이 화려하게 장엄하고, 백만억 보

수　차제항렬　　백만억묘보창유　기려장
樹가 次第行列하며 百萬億妙寶窓牖가 綺麗莊

엄　　백만억보수　주잡수음　　백만억보
嚴하며 百萬億寶樹가 周币垂陰하며 百萬億寶

누각　연무기식　　백만억보문　수포영
樓閣이 延袤綺飾하며 百萬億寶門에 垂布瓔

락　백만억금령　출묘음성
珞하며 百萬億金鈴이 出妙音聲하나라

백만억길상상영락　엄정수하　　백만억보
百萬億吉祥相瓔珞이 嚴淨垂下하며 百萬億寶

실저가　능제중악　　백만억금장　금루직
悉底迦가 能除衆惡하며 百萬億金藏이 金縷織

성　백만억보개　중보위간　집지항렬
成하며 百萬億寶蓋가 衆寶爲竿하야 執持行列하며

백만억일체보장엄구망　간착장엄
百萬億一切寶莊嚴具網이 間錯莊嚴하나라

배나무가 두루두루 그늘을 드리우고, 백만억 보배누각은 가로 세로 아름답게 장식되고, 백만억 보배문에는 영락을 드리우고, 백만억 금방울에서는 미묘한 소리를 내었다.

백만억 길상한 모양의 영락은 깨끗이 장엄하게 드리워졌고, 백만억 보배실저가는 온갖 나쁜 것을 능히 없애고, 백만억 금장은 금실로 짜서 만들어졌다. 백만억 보배일산은 온갖 보배로 자루가 되어 잡고 줄지어 섰으며, 백만억 일체 보배장엄구그물이 사이사이 장엄하였다.

백만억광명보　　방종종광　　　백만억광명
百萬億光明寶가　放種種光하며　百萬億光明이

주변조요　　　백만억일장륜　　백만억월장륜
周徧照耀하며　百萬億日藏輪과　百萬億月藏輪이

병무량색보지소집성　　　　백만억향염　　광명
並無量色寶之所集成이며　百萬億香燄이　光明

영철　　　백만억연화장　　개부선영　　　백만
映徹하며　百萬億蓮華藏이　開敷鮮榮하며　百萬

억보망　　백만억화망　　백만억향망　　미부기
億寶網과　百萬億華網과　百萬億香網이　彌覆其

상
上하니라

백만억천보의　　　백만억천청색의　　백만억
百萬億天寶衣와　百萬億天靑色衣와　百萬億

백만억 광명보배에서 갖가지 광명을 놓으며, 백만억 광명이 두루두루 비치며, 백만억 일장 륜과 백만억 월장륜은 모두 한량없는 색의 보배를 모아 이루었으며, 백만억 향기불꽃은 광명이 밝게 사무치며, 백만억 연화장이 활짝 피어 곱고 아름다우며, 백만억 보배그물과 백만억 꽃그물과 백만억 향그물이 그 위를 두루 덮었다.

백만억 하늘 보배옷과 백만억 하늘 청색옷과 백만억 하늘 황색옷과 백만억 하늘 적색옷과 백만억 하늘 기묘한 색의 옷과 백만억 하

천황색의　백만억천적색의　백만억천기
天黃色衣와 百萬億天赤色衣와 百萬億天奇

묘색의　백만억천종종보기묘의　백만억
妙色衣와 百萬億天種種寶奇妙衣와 百萬億

종종향훈의　백만억일체보소성의　백만
種種香熏衣와 百萬億一切寶所成衣와 百萬

억선백의　실선부포　견자환희
億鮮白衣가 悉善敷布하야 見者歡喜하니라

백만억천령당　백만억금망당　출미묘음
百萬億天鈴幢과 百萬億金網幢이 出微妙音하며

백만억천증당　중채구족　백만억향당
百萬億天繒幢이 衆彩具足하며 百萬億香幢에

수포향망　백만억화당　우일체화　백
垂布香網하며 百萬億華幢이 雨一切華하며 百

늘 갖가지 보배의 기묘한 옷과 백만억 갖가지 향기가 풍기는 옷과 백만억 일체 보배로 만든 옷과 백만억 깨끗한 흰 옷들이 모두 잘 펼쳐져서 보는 이들이 환희하였다.

백만억 하늘 풍경깃대와 백만억 금그물깃대에서 미묘한 소리를 내며, 백만억 하늘 비단깃대는 온갖 채색이 구족하며, 백만억 향깃대에는 향그물을 드리우며, 백만억 꽃깃대에서는 일체 꽃을 비내리며, 백만억 하늘 옷깃대에는 묘한 옷을 달았다.

백만억 하늘 마니보배깃대는 온갖 보배로 장

만억천의당   현포묘의
萬億天衣幢에 懸布妙衣하나니라

백만억천마니보당   중보장엄   백만억천
百萬億天摩尼寶幢이 衆寶莊嚴하며 百萬億天

장엄구당   중구교식   백만억천만당   종
莊嚴具幢이 衆具校飾하며 百萬億天鬘幢에 種

종화만   사면항포   백만억천개당   보령
種華鬘이 四面行布하며 百萬億天蓋幢에 寶鈴

화명   문개환희
和鳴하야 聞皆歡喜하나니라

백만억천라   출묘음성   백만억천고   출
百萬億天螺가 出妙音聲하며 百萬億天鼓가 出

대음성   백만억천공후   출미묘음   백
大音聲하며 百萬億天箜篌가 出微妙音하며 百

엄하였으며, 백만억 하늘 장엄구깃대는 온
갖 도구로 장식하였으며, 백만억 하늘 화만깃
대에는 갖가지 화만이 사면으로 줄을 지었으
며, 백만억 하늘 일산깃대에서는 보배방울이
조화롭게 울리어 듣는 이들이 모두 기뻐하였
다.

백만억 하늘소라는 미묘한 음성을 내며, 백
만억 하늘북은 큰 소리를 내며, 백만억 하늘
공후는 미묘한 소리를 내며, 백만억 하늘모다
라는 크고 미묘한 소리를 내며, 백만억 하늘
의 모든 음악을 동시에 함께 연주하며, 백만억

만억천모다라　　출대묘음　　　백만억천제잡
萬億天牟陀羅가 **出大妙音**하며 **百萬億天諸雜**

악　　동시구주　　　백만억천자재악　　출묘음
樂이 **同時俱奏**하며 **百萬億天自在樂**이 **出妙音**

성　　기성　　보변일체불찰
聲호대 **其聲**이 **普徧一切佛刹**하니라

백만억천변화악　　기성여향　　　보응일체
百萬億天變化樂이 **其聲如響**하야 **普應一切**하며

백만억천고　　인어무격　　　이출묘음　　　백
百萬億天鼓가 **因於撫擊**하야 **而出妙音**하며 **百**

만억천여의악　　자연출성　　　음절상화
萬億天如意樂이 **自然出聲**하야 **音節相和**하며

백만억천제잡악　　출묘음성　　　멸제번
百萬億天諸雜樂이 **出妙音聲**하야 **滅諸煩**

뇌
惱하니라

하늘의 자재한 음악이 미묘한 소리를 내어 그 소리가 일체 부처님 세계에 널리 두루하였다.

백만억 하늘의 변화하는 음악은 그 소리가 메아리 같아서 일체에 널리 응하며, 백만억 하늘북은 두드림을 인하여 미묘한 소리를 내며, 백만억 하늘의 뜻대로 되는 음악은 자연히 소리를 내어 음절이 서로 조화로우며, 백만억 하늘의 모든 음악이 묘한 소리를 내어 모든 번뇌를 소멸하였다.

백만억 마음을 기쁘게 하는 음성이 공양올림을 찬탄하며, 백만억 광대한 음성이 받들어 섬김을 찬탄하며, 백만억 매우 깊은 음성이

백만억열의음　찬탄공양　백만억광대음
百萬億悅意音이 讚歎供養하며 百萬億廣大音이

찬탄승사　백만억심심음　찬탄수행
讚歎承事하며 百萬億甚深音이 讚歎修行하며

백만억중묘음　탄불업과　백만억미세음
百萬億衆妙音이 歎佛業果하며 百萬億微細音이

탄여실리　백만억무장애진실음　탄불본
歎如實理하며 百萬億無障礙眞實音이 歎佛本

행
行하나라

백만억청정음　찬탄과거공양제불　백만
百萬億淸淨音이 讚歎過去供養諸佛하며 百萬

억법문음　찬탄제불최승무외　백만억무
億法門音이 讚歎諸佛最勝無畏하며 百萬億無

량음　탄제보살공덕무진　백만억보살지
量音이 歎諸菩薩功德無盡하며 百萬億菩薩地

수행을 찬탄하며, 백만억 온갖 묘한 음성이 부처님의 업과를 찬탄하며, 백만억 미세한 음성이 실상과 같은 이치를 찬탄하며, 백만억 장애 없고 진실한 음성이 부처님의 본행을 찬탄하였다.

백만억 청정한 음성이 과거에 모든 부처님께 공양올림을 찬탄하며, 백만억 법문 음성이 모든 부처님의 가장 수승하고 두려움 없음을 찬탄하며, 백만억 한량없는 음성이 모든 보살들의 공덕이 다함없음을 찬탄하며, 백만억 보살 지위의 음성이 일체 보살 지위에 상응한 행을 열어 보임을 찬탄하며, 백만억 끊임없는 음성

음　　찬탄개시일체보살지상응행　　백만억
音이　讚歎開示一切菩薩地相應行하며　百萬億

무단절음　　탄불공덕무유단절
無斷絶音이　歎佛功德無有斷絶하니라

백만억수순음　　찬탄칭양견불지행　　백만
百萬億隨順音이　讚歎稱揚見佛之行하며　百萬

억심심법음　　찬탄일체법무애지상응리　　백
億甚深法音이　讚歎一切法無礙智相應理하며　百

만억광대음　　기음　　충만일체불찰
萬億廣大音이　其音이　充滿一切佛刹하니라

백만억무애청정음　　수기심락　　실령환
百萬億無礙淸淨音이　隨其心樂하야　悉令歡

희　　백만억부주삼계음　　영기문자　심
喜하며　百萬億不住三界音이　令其聞者로　深

입법성　　백만억환희음　　영기문자　심
入法性하며　百萬億歡喜音이　令其聞者로　心

이 부처님의 공덕이 끊어지지 아니함을 찬탄하였다.

백만억 수순하는 음성이 부처님 친견하는 행을 드날려 찬탄하며, 백만억 매우 깊은 법음이 일체 법에 걸림없는 지혜와 상응하는 이치를 찬탄하며, 백만억 광대한 음성은 그 소리가 일체 부처님 세계에 충만하였다.

백만억 걸림없고 청정한 음성이 그들의 마음에 즐거함을 따라 모두 환희케 하며, 백만억 삼계에 머무르지 않는 음성이 그것을 듣는 자로 하여금 법성에 깊이 들게 하며, 백만억 환희한 음성이 듣는 자로 하여금 마음에 걸림이

무장애　　심신공경
無障礙하야 深信恭敬하나니라

백만억불경계음　　수소출성　　실능개시일
百萬億佛境界音이 隨所出聲하야 悉能開示一

체법의　　백만억다라니음　　선선일체법구
切法義하며 百萬億陀羅尼音이 善宣一切法句

차별　　결료여래비밀지장　　백만억일체
差別하야 決了如來秘密之藏하며 百萬億一切

법음　기음화창　　극해중악
法音이 其音和暢하야 克諧衆樂이러라

유백만억초발심보살　　재견차좌　　배갱증
有百萬億初發心菩薩이 纔見此座하고 倍更增

장일체지심　　백만억치지보살　　심정환
長一切智心하며 百萬億治地菩薩이 心淨歡

없어 깊이 믿고 공경하게 하였다.

백만억 부처님 경계 음성은 내는 소리를 따라 일체 법과 뜻을 다 능히 열어 보이며, 백만억 다라니 음성이 일체 법과 글귀의 차별을 잘 말하여 여래의 비밀장을 결정코 알게 하며, 백만억 일체 법 음성이 그 소리가 화창하여 온갖 음악과 능히 조화를 이루었다.

백만억 초발심주 보살은 이 사자좌를 보고 일체 지혜의 마음을 배로 증장하며, 백만억 치지주 보살은 마음이 깨끗하여 환희하며, 백만억 수행주 보살은 깨달아 이해함이 청정하

희　　백만억수행보살　오해청정　　백만
喜하며 百萬億修行菩薩이 悟解淸淨하며 百萬

억생귀보살　주승지락　　백만억방편구족
億生貴菩薩이 住勝志樂하며 百萬億方便具足

보살　기대승행
菩薩이 起大乘行하나라

백만억정심주보살　근수일체보살도　　백
百萬億正心住菩薩이 勤修一切菩薩道하며 百

만억불퇴보살　정수일체보살지　　백만억
萬億不退菩薩이 淨修一切菩薩地하며 百萬億

동진보살　득일체보살삼매광명　　백만억
童眞菩薩이 得一切菩薩三昧光明하며 百萬億

법왕자보살　입부사의제불경계　　백만억
法王子菩薩이 入不思議諸佛境界하며 百萬億

관정보살　능현무량여래십력
灌頂菩薩이 能現無量如來十力하나라

며, 백만억 생귀주 보살은 수승한 즐거움에 머무르며, 백만억 방편구족주 보살은 대승의 행을 일으켰다.

백만억 정심주 보살은 일체 보살의 도를 부지런히 닦으며, 백만억 불퇴주 보살은 일체 보살의 지위를 깨끗이 닦으며, 백만억 동진주 보살은 일체 보살의 삼매 광명을 얻으며, 백만억 법왕자주 보살은 부사의한 모든 부처님의 경계에 들며, 백만억 관정주 보살은 능히 한량없는 여래의 십력을 나타내었다.

백 만 억 보 살 　 득 자 재 신 통 　 　 백 만 억 보 살
百萬億菩薩이 得自在神通하며 百萬億菩薩이

생 청 정 해 　 　 백 만 억 보 살 　 심 생 애 락 　 　 백
生淸淨解하며 百萬億菩薩이 心生愛樂하며 百

만 억 보 살 　 심 신 불 괴 　 　 백 만 억 보 살 　 세 력
萬億菩薩이 深信不壞하며 百萬億菩薩이 勢力

광 대 　 　 백 만 억 보 살 　 명 칭 증 장
廣大하며 百萬億菩薩이 名稱增長하니라

백 만 억 보 살 　 연 설 법 의 　 　 영 지 결 정 　 　 백
百萬億菩薩이 演說法義하야 令智決定하며 百

만 억 보 살 　 정 념 불 란 　 　 백 만 억 보 살 　 생 결
萬億菩薩이 正念不亂하며 百萬億菩薩이 生決

정 지
定智하니라

백 만 억 보 살 　 득 문 지 력 　 　 지 일 체 불 법
百萬億菩薩이 得聞持力하야 持一切佛法하며

백만억 보살은 자재한 신통을 얻고, 백만억 보살은 청정한 이해를 내고, 백만억 보살은 좋아하는 마음을 내고, 백만억 보살은 깊이 믿어 무너지지 아니하고, 백만억 보살은 세력이 광대하고, 백만억 보살은 명칭이 증장하였다.

백만억 보살은 법과 뜻을 연설하여 지혜를 결정하게 하였고, 백만억 보살은 바른 생각이 산란치 않고, 백만억 보살은 결정한 지혜를 내었다.

백만억 보살은 들어서 지니는 힘을 얻어 일체 불법을 받아 지니고, 백만억 보살은 한량없

백만억보살　　출생무량광대각해　　백만억
百萬億菩薩이 出生無量廣大覺解하며 百萬億

보살　　안주신근
菩薩이 安住信根하나라

백만억보살　　득단바라밀　　능일체시　　백
百萬億菩薩이 得檀波羅蜜하야 能一切施하며 百

만억보살　　득시바라밀　　구지중계　　백
萬億菩薩이 得尸波羅蜜하야 具持衆戒하며 百

만억보살　　득인바라밀　　심불망동　　실
萬億菩薩이 得忍波羅蜜하야 心不妄動하야 悉

능인수일체불법　　백만억보살　　득정진바
能忍受一切佛法하며 百萬億菩薩이 得精進波

라밀　　능행무량출리정진　　백만억보살
羅蜜하야 能行無量出離精進하며 百萬億菩薩이

이 광대한 깨달음을 내고, 백만억 보살은 믿음의 근본에 편안히 머물렀다.

백만억 보살이 보시바라밀을 얻어 능히 일체를 보시하며, 백만억 보살이 지계바라밀을 얻어 온갖 계를 구족하게 지키며, 백만억 보살이 인욕바라밀을 얻어 마음이 망령되이 움직이지 아니하고 일체 불법을 모두 능히 받으며, 백만억 보살이 정진바라밀을 얻어 한량없이 벗어나는 정진을 능히 행하며, 백만억 보살이 선정바라밀을 얻어 한량없는 선정의 광명을 구족하였다.

득선바라밀　　구족무량선정광명
得禪波羅蜜하야 具足無量禪定光明하니라

백만억보살　　득반야바라밀　　지혜광명
百萬億菩薩이 得般若波羅蜜하야 智慧光明이

능보조요　　백만억보살　　성취대원　　실개
能普照耀하며 百萬億菩薩이 成就大願하야 悉皆

청정　　백만억보살　　득지혜등　　명조법
淸淨하며 百萬億菩薩이 得智慧燈하야 明照法

문　　백만억보살　　위시방제불법광소조
門하며 百萬億菩薩이 爲十方諸佛法光所照하며

백만억보살　　주변시방　　연이치법
百萬億菩薩이 周徧十方하야 演離癡法하니라

백만억보살　　보입일체제불찰토　　백만억
百萬億菩薩이 普入一切諸佛刹土하며 百萬億

백만억 보살이 반야바라밀을 얻어 지혜의 광명이 능히 널리 밝게 비치며, 백만억 보살이 큰 서원을 성취하여 모두 다 청정하며, 백만억 보살이 지혜의 등을 얻어 법문을 밝게 비추며, 백만억 보살이 시방 모든 부처님의 법의 광명으로 비추는 바가 되며, 백만억 보살이 시방에 두루 두루하여 어리석음을 여의는 법을 연설하였다.

백만억 보살이 일체 모든 부처님의 세계에 널리 들어가며, 백만억 보살이 법신으로 일체 부처님의 국토에 이르며, 백만억 보살이 부처

보살　　법신수도일체불국　　백만억보살
菩薩이 法身隨到一切佛國하며 百萬億菩薩이

득불음성　　능광개오　　백만억보살　　득
得佛音聲하야 能廣開悟하며 百萬億菩薩이 得

출생일체지방편　　백만억보살　　득성취일
出生一切智方便하며 百萬億菩薩이 得成就一

체법문　　백만억보살　　성취법지　　유여
切法門하며 百萬億菩薩이 成就法智를 猶如

보당　　능보현시일체불법　　백만억보살
寶幢하야 能普顯示一切佛法하며 百萬億菩薩이

능실시현여래경계
能悉示現如來境界하니라

님의 음성을 얻어 능히 널리 깨우치며, 백만억 보살이 일체 지혜를 내는 방편을 얻으며, 백만억 보살이 일체 법문을 성취하며, 백만억 보살이 법의 지혜를 성취하여 마치 보배깃대처럼 능히 일체 불법을 널리 나타내 보이며, 백만억 보살이 여래의 경계를 능히 모두 나타내 보였다.

백만억제천왕　　공경예배　　백만억용왕
百萬億諸天王이　恭敬禮拜하며　百萬億龍王이

체관무염　　백만억야차왕　　정상합장
諦觀無厭하며　百萬億夜叉王이　頂上合掌하며

백만억건달바왕　　기정신심　　백만억아수
百萬億乾闥婆王이　起淨信心하며　百萬億阿脩

라왕　　단교만의　　백만억가루라왕　　구함
羅王이　斷憍慢意하며　百萬億迦樓羅王이　口銜

증대　　백만억긴나라왕　　환희용약　　백
繒帶하며　百萬億緊那羅王이　歡喜踊躍하며　百

만억마후라가왕　　환희첨앙
萬億摩睺羅伽王이　歡喜瞻仰하니라

백만억세주　　계수작례　　백만억도리천왕
百萬億世主가　稽首作禮하며　百萬億忉利天王이

첨앙불순　　백만억야마천왕　　환희찬탄
瞻仰不瞬하며　百萬億夜摩天王이　歡喜讚歎하며

백만억 모든 천왕들이 공경하여 예배하고, 백만억 용왕이 살펴보기를 싫어함이 없고, 백만억 야차왕이 정수리 위에 합장하고, 백만억 건달바왕이 청정한 신심을 일으키고, 백만억 아수라왕이 교만한 마음을 끊고, 백만억 가루라왕이 입에 비단 끈을 물고, 백만억 긴나라왕이 기뻐서 뛰놀고, 백만억 마후라가왕이 환희하여 우러러보았다.

백만억 세간 주인이 머리를 조아려 예배하며, 백만억 도리천왕이 우러러보면서 눈을 깜빡이지 않으며, 백만억 야마천왕이 환희하여 찬탄하며, 백만억 도솔천왕이 몸을 엎

백만억도솔천왕　　포신작례　　백만억화락
百萬億兜率天王이 布身作禮하며 百萬億化樂

천왕　　두정예경　　백만억타화천왕　　공경
天王이 頭頂禮敬하며 百萬億他化天王이 恭敬

합장　　백만억범천왕　　일심관찰　　백만
合掌하며 百萬億梵天王이 一心觀察하며 百萬

억마혜수라천왕　　공경공양　　백만억보
億摩醯首羅天王이 恭敬供養하며 百萬億菩

살　　발성찬탄
薩이 發聲讚歎하니라

백만억천녀　　전심공양　　백만억동원천
百萬億天女가 專心供養하며 百萬億同願天이

용약환희　　백만억왕석동주천　　묘성칭
踊躍歡喜하며 百萬億往昔同住天이 妙聲稱

찬　　백만억범신천　　포신경례　　백만억
讚하며 百萬億梵身天이 布身敬禮하며 百萬億

드려 절하며, 백만억 화락천왕이 머리를 조

아려 예경하며, 백만억 타화자재천왕이 공경

하여 합장하며, 백만억 범천왕이 일심으로

관찰하며, 백만억 마혜수라천왕이 공경히 공

양올리며, 백만억 보살이 소리 내어 찬탄하

였다.

백만억 천녀가 전심으로 공양하며, 백만억

소원이 같은 천신들이 뛸 듯이 환희하며, 백

만억 지난 옛적에 함께 머물렀던 천신들이 미

묘한 소리로 칭찬하였다. 백만억 범신천이 몸

을 엎드려 경례하며, 백만억 범보천이 정수리

에 합장하며, 백만억 범중천이 둘러서서 모시

범보천   합장어정   백만억범중천   위요
梵輔天이 合掌於頂하며 百萬億梵衆天이 圍遶

시위   백만억대범천   찬탄칭양무량공
侍衛하며 百萬億大梵天이 讚歎稱揚無量功

덕
德하니라

백만억광천   오체투지   백만억소광천
百萬億光天이 五體投地하며 百萬億少光天이

선양찬탄불세난치   백만억무량광천   요
宣揚讚歎佛世難値하며 百萬億無量光天이 遙

향불례   백만억광음천   찬탄여래심난득
向佛禮하며 百萬億光音天이 讚歎如來甚難得

견
見하니라

백만억정천   여궁전구   이래예차   백
百萬億淨天이 與宮殿俱하야 而來詣此하며 百

고 호위하며, 백만억 대범천이 한량없는 공덕을 드날려 찬탄하였다.

백만억 광천이 오체투지하며, 백만억 소광천이 부처님 세상 만나기 어려움을 찬탄하여 선양하며, 백만억 무량광천이 멀리 부처님을 향하여 예배하며, 백만억 광음천이 여래를 친견하기 매우 어려움을 찬탄하였다.

백만억 정천이 궁전과 함께 이곳에 오며, 백만억 소정천이 청정한 마음으로 머리 숙여 예배하며, 백만억 무량정천이 부처님을 친견하기를 원하여 몸을 던져 내려오며, 백만억 변정천이 공경하고 존중하며 친근하여 공양

만억소정천　이청정심　　계수작례　　백
萬億少淨天이 以淸淨心으로 稽首作禮하며 百

만억무량정천　원욕견불　　투신이하
萬億無量淨天이 願欲見佛하야 投身而下하며

백만억변정천　공경존중　　친근공양
百萬億徧淨天이 恭敬尊重하고 親近供養하니라

백만억광천　염석선근　　백만억소광천
百萬億廣天이 念昔善根하며 百萬億少廣天이

어여래소　생희유상　　백만억무량광천　결
於如來所에 生希有想하며 百萬億無量廣天이 決

정존중　생제선업　　백만억광과천　곡
定尊重하야 生諸善業하며 百萬億廣果天이 曲

궁공경　백만억무번천　신근견고　공
躬恭敬하며 百萬億無煩天이 信根堅固하야 恭

경예배　백만억무열천　합장염불　정
敬禮拜하며 百萬億無熱天이 合掌念佛하야 情

하였다.

백만억 광천이 옛적의 선근을 생각하며, 백만억 소광천이 여래 처소에 희유하다는 생각을 내며, 백만억 무량광천이 확실하게 존중하여 모든 선한 업을 지으며, 백만억 광과천이 몸을 굽혀 공경하였다. 백만억 무번천이 믿음이 견고하여 공경히 예배하며, 백만억 무열천이 합장 염불하고 마음에 만족해 싫어함이 없으며, 백만억 선견천이 머리 조아려 예배하며, 백만억 선현천이 부처님께 공양올림을 생각하여 마음이 게으르지 않으며, 백만억 아가니타천이 공경히 정례하며, 백만억 갖가지

무염족   백만억선견천   두면작례   백
無厭足하며 百萬億善見天이 頭面作禮하며 百

만억선현천   염공양불   심무해헐   백
萬億善現天이 念供養佛하야 心無懈歇하며 百

만억아가니타천   공경정례   백만억종종
萬億阿迦尼吒天이 恭敬頂禮하며 百萬億種種

천   개대환희   발성찬탄   백만억제천
天이 皆大歡喜하야 發聲讚歎하며 百萬億諸天이

각선사유   이위장엄
各善思惟하야 而爲莊嚴하니라

하늘이 모두 크게 환희하여 소리를 내어 찬탄

하며, 백만억 모든 하늘이 각각 잘 사유하여

장엄하였다.

백만억보살천　　호지불좌　　　장엄부절
百萬億菩薩天이 **護持佛座**하야 **莊嚴不絶**하며

백만억화수보살　　우일체화　　　백만억향수
百萬億華手菩薩이 **雨一切華**하며 **百萬億香手**

보살　　우일체향　　　백만억만수보살　　우일
菩薩이 **雨一切香**하며 **百萬億鬘手菩薩**이 **雨一**

체만　　　백만억말향수보살　　우일체말향
切鬘하며 **百萬億末香手菩薩**이 **雨一切末香**하며

백만억도향수보살　　우일체도향
百萬億塗香手菩薩이 **雨一切塗香**하니라

백만억의수보살　　우일체의　　　백만억개수
百萬億衣手菩薩이 **雨一切衣**하며 **百萬億蓋手**

보살　　우일체개　　　백만억당수보살　　우일
菩薩이 **雨一切蓋**하며 **百萬億幢手菩薩**이 **雨一**

체당　　　백만억번수보살　　우일체번　　　백
切幢하며 **百萬億幡手菩薩**이 **雨一切幡**하며 **百**

백만억 보살하늘이 부처님의 사자좌를 호위하여 장엄함이 끊이지 않으며, 백만억 화수보살이 일체 꽃을 비내리며, 백만억 향수보살이 일체 향을 비내리며, 백만억 만수보살이 일체 화만을 비내리며, 백만억 말향수보살이 일체 가루향을 비내리며, 백만억 도향수보살이 일체 바르는 향을 비내렸다.

백만억 의수보살이 일체 옷을 비내리며, 백만억 개수보살이 일체 일산을 비내리며, 백만억 당수보살이 일체 깃대를 비내리며, 백만억 번수보살이 일체 깃발을 비내리며, 백만억 보수보살이 일체 보배를 비내리며,

만억보수보살　우일체보　　백만억장엄수
萬億寶手菩薩이 雨一切寶하며 百萬億莊嚴手

보살　우일체장엄구
菩薩이 雨一切莊嚴具하나라

백만억제천자　종천궁출　　지어좌소
百萬億諸天子가 從天宮出하야 至於座所하며

백만억제천자　이정신심　　병궁전구
百萬億諸天子가 以淨信心으로 幷宮殿俱하며

백만억생귀천자　이신지좌　백만억관정
百萬億生貴天子가 以身持座하며 百萬億灌頂

천자　거신지좌
天子가 擧身持座하나라

백만억사유보살　공경사유　백만억생귀
百萬億思惟菩薩이 恭敬思惟하며 百萬億生貴

보살　발청정심　　백만억보살　제근열
菩薩이 發淸淨心하며 百萬億菩薩이 諸根悅

백만억 장엄수보살이 일체 장엄구를 비내렸
다.

백만억 모든 천자가 천궁에서 나와 사자좌
있는 곳에 이르며, 백만억 모든 천자가 청정한
신심으로 궁전과 함께 하며, 백만억 생귀천자
가 몸으로 사자좌를 지니며, 백만억 관정천자
가 온몸으로 사자좌를 지니었다.

백만억 사유보살은 공경히 사유하며, 백만억
생귀보살은 청정한 마음을 내며, 백만억 보살
은 모든 근이 기쁘고 즐거우며, 백만억 보살은
깊은 마음이 청정하며, 백만억 보살은 믿고 이
해함이 청정하며, 백만억 보살은 모든 업이 청

락　　백만억보살　심심청정　　백만억보
樂하며 百萬億菩薩이 深心淸淨하며 百萬億菩

살　신해청정　　백만억보살　제업청정
薩이 信解淸淨하며 百萬億菩薩이 諸業淸淨하나라

백만억보살　　수생자재　　백만억보살　　법
百萬億菩薩이 受生自在하며 百萬億菩薩이 法

광조요　　백만억보살　성취어지　　백만
光照耀하며 百萬億菩薩이 成就於地하며 百萬

억보살　선능교화일체중생
億菩薩이 善能敎化一切衆生이러라

백만억선근소생　　백만억제불호지　백만
百萬億善根所生이며 百萬億諸佛護持며 百萬

억복덕소원만　　백만억수승심소청정
億福德所圓滿이며 百萬億殊勝心所淸淨이며

정하였다.

　백만억 보살은 태어남이 자재하며, 백만억 보살은 법의 광명으로 밝게 비추며, 백만억 보살은 지위를 성취하며, 백만억 보살은 능히 일체 중생을 잘 교화하였다.

　백만억 선근으로 생겨난 것이며, 백만억 모든 부처님께서 보호해 주시며, 백만억 복덕으로 원만한 것이며, 백만억 수승한 마음으로 청정한 것이며, 백만억 대원으로 깨끗이 장엄한 것이며, 백만억 선행으로 생겨난 것이며, 백만억 선한 법으로 견고한 것이며, 백만

백만억대원소엄결　　백만억선행소생기
百萬億大願所嚴潔이며　百萬億善行所生起며

백만억선법소견고　　백만억신력소시현
百萬億善法所堅固며　百萬億神力所示現이며

백만억공덕소성취　　백만억찬탄법　　이이
百萬億功德所成就며　百萬億讚歎法으로　而以

찬탄
讚歎이러라

여차세계도솔천왕　　봉위여래부치고좌
如此世界兜率天王이　奉爲如來敷置高座하야

일체세계도솔천왕　　실위어불　　여시부
一切世界兜率天王도　悉爲於佛하야　如是敷

좌
座하니라

억 신력으로 나타내 보인 것이며, 백만억 공
덕으로 성취한 것이며, 백만억 찬탄하는 법
으로 찬탄하였다.

　이 세계의 도솔천왕이 받들어 여래를 위하여
높은 사자좌를 펴 놓음과 같이, 일체 세계의
도솔천왕도 다 부처님을 위하여 이와 같이 자
리를 펴 놓았다.
　이와 같이 장엄하며, 이와 같이 위의를 가지
며, 이와 같이 믿고 즐기며, 이와 같이 마음이
깨끗하며, 이와 같이 즐거워하며, 이와 같이

여시장엄　　여시의칙　　여시신락　　여시
如是莊嚴하며 如是儀則하며 如是信樂하며 如是

심정　　여시흔락　　여시희열　　여시존
心淨하며 如是欣樂하며 如是喜悅하며 如是尊

중　　여시이생희유지상　　여시용약　　여
重하며 如是而生希有之想하며 如是踊躍하며 如

시갈앙　　실개동등
是渴仰하야 悉皆同等이러라

기뻐하며, 이와 같이 존중하며, 이와 같이 희유한 생각을 내며, 이와 같이 뛰놀며, 이와 같이 우러름이 모두 다 동등하였다.

이시　　도솔천왕　위여래부치좌이　　심생
爾時에 **兜率天王**이 **爲如來敷置座已**하고 **心生**

존중　　　여십만억아승지도솔천자　봉영여
尊重하야 **與十萬億阿僧祇兜率天子**로 **奉迎如**

래
來하니라

이 청정심　　우아승지색화운　　　우부사의
以淸淨心으로 **雨阿僧祇色華雲**하며 **雨不思議**

색향운　　우종종색만운　　　우광대청정전
色香雲하며 **雨種種色鬘雲**하며 **雨廣大淸淨栴**

단운　　우무량종종개운　　우세묘천의운
檀雲하며 **雨無量種種蓋雲**하며 **雨細妙天衣雲**하며

우무변중묘보운　　우천장엄구운　　우무
雨無邊衆妙寶雲하며 **雨天莊嚴具雲**하며 **雨無**

량종종소향운　　우일체전단침수견고말향
量種種燒香雲하며 **雨一切栴檀沈水堅固末香**

그때에 도솔천왕이 여래를 위하여 사자좌를 펴 놓고서, 존중하는 마음을 내어 십만억 아승지 도솔천자와 더불어 여래를 받들어 맞아 들였다.

청정한 마음으로 아승지 색의 꽃구름을 비내리며, 부사의한 색의 향구름을 비내리며, 갖가지 색의 화만구름을 비내리며, 넓고 크고 청정한 전단구름을 비내리며, 한량없는 갖가지 일산구름을 비내리며, 미세하고 미묘한 하늘옷구름을 비내리며, 가없는 온갖 미묘한 보배구름을 비내리며, 하늘 장엄구구름을 비내리며, 한량없는 갖가지 사르는 향구름을 비내리

운 제천자중 각종기신 출차제운
雲하야 諸天子衆이 各從其身하야 出此諸雲하니라

시 백천억아승지도솔천자 급여재회제
時에 百千億阿僧祇兜率天子와 及餘在會諸

천자중 심대환희 공경정례 아승지
天子衆이 心大歡喜하야 恭敬頂禮하며 阿僧祇

천녀 용약흔모 체관여래 도솔궁중
天女가 踊躍欣慕하야 諦觀如來하니라 兜率宮中

불가설제보살중 주허공중 정근일심
不可說諸菩薩衆이 住虛空中하야 精勤一心하야

이출과제천제공양구 공양어불 공경작
以出過諸天諸供養具로 供養於佛하야 恭敬作

례 아승지음악 일시동주
禮하고 阿僧祇音樂을 一時同奏러라

며, 일체 전단향과 침수향과 견고향과 가루향 구름을 비내렸다. 모든 천자대중들은 각각 그 몸에서 이 모든 구름을 내었다.

그때에 백천억 아승지 도솔천자와 그 외에 회중에 있던 모든 천자대중들이 마음이 크게 환희하여 공경하고 정례하였다. 아승지 천녀들은 뛸 듯이 기뻐하고 사모하여 여래를 자세히 바라보았다. 도솔천궁 가운데 말할 수 없는 모든 보살 대중들이 허공 중에 머물러 일심으로 정근하여 모든 하늘보다 더 나은 모든 공양구로 부처님께 공양올리고 공경하며 예배하니, 아승지 음악이 일시에 함께 연주되었다.

이시　　여래위신력고　　왕석선근지소류
爾時에 如來威神力故며 往昔善根之所流

고　　불가사의자재력고　　도솔궁중　　일체
故며 不可思議自在力故로 兜率宮中에 一切

제천　　급제천녀　　개요견불　　여대목전
諸天과 及諸天女가 皆遙見佛을 如對目前하니라

동흥념언　　여래출세　　난가치우　　아금
同興念言호대 如來出世를 難可値遇어늘 我今

득견구일체지　　어법무애　　정등각자
得見具一切智하사 於法無礙한 正等覺者라하니라

여시사유　　여시관찰　　여제중회　　실공
如是思惟하며 如是觀察하야 與諸衆會로 悉共

동시　　봉영여래
同時에 奉迎如來하니라

각이천의　　성일체화　　성일체향　　성일
各以天衣로 盛一切華하며 盛一切香하며 盛一

그때에 여래의 위신력인 까닭이며, 지난 옛적 선근에서 흘러나온 까닭이며, 불가사의하게 자재한 힘인 까닭으로, 도솔천궁의 일체 모든 천신과 그리고 모든 천녀들이 다 멀리서 부처님을 보되 눈앞에 대한 듯하였다. 함께 생각하여 말하기를 '여래께서 세상에 출현하심을 만나기 어렵거늘 일체 지혜를 갖추어 법에 걸림이 없는 정등각하신 분을 우리가 지금 만났도다.' 라고 하였다.

이와 같이 사유하고 이와 같이 관찰하며, 모든 대중모임과 더불어 다 함께 동시에 여래를 받들어 환영하였다.

체보　　성일체장엄구　　성일체천전단말
切寶하며　盛一切莊嚴具하며　盛一切天栴檀末

향　　　성일체천침수말향　　성일체천묘보
香하며　盛一切天沈水末香하며　盛一切天妙寶

말향　　성일체천향화　　성일체천만다라
末香하며　盛一切天香華하며　盛一切天曼陀羅

화　　실이봉산　　공양어불
華하야　悉以奉散하야　供養於佛하니라

백천억나유타아승지도솔타천자　주허공
百千億那由他阿僧祇兜率陀天子가　住虛空

중　　함어불소　　기지혜경계심　　소일체
中하야　咸於佛所에　起智慧境界心하야　燒一切

향　　향기성운　　장엄허공　　우어불소
香하니　香氣成雲하야　莊嚴虛空하며　又於佛所에

각각 하늘 옷에 일체 꽃을 담고, 일체 향을 담고, 일체 보배를 담고, 일체 장엄구를 담고, 일체 하늘의 전단가루향을 담고, 일체 하늘의 침수가루향을 담고, 일체 하늘의 미묘한 보배 가루향을 담고, 일체 하늘의 향기로운 꽃을 담고, 일체 하늘의 만다라꽃을 담아서 모두 받들어 흩어서 부처님께 공양올렸다.

백천억 나유타 아승지 도솔타천자가 허공 중에 머무르면서, 모두 부처님 처소에서 지혜 경계의 마음을 일으켜 일체 향을 사르니, 향기가 구름이 되어 허공을 장엄하였다. 또 부처

기환희심　　우일체천화운　　장엄허공
起歡喜心하야 雨一切天華雲하야 莊嚴虛空하니라

우어불소　　기존중심　　우일체천개운
又於佛所에 起尊重心하야 雨一切天蓋雲하야

장엄허공　　우어불소　　기공양심　　산일
莊嚴虛空하며 又於佛所에 起供養心하야 散一

체천만운　　장엄허공
切天鬘雲하야 莊嚴虛空하니라

우어불소　　생신해심　　포아승지금망
又於佛所에 生信解心하야 布阿僧祇金網하야

미부허공　　일체보령　　상출묘음　　우어불
彌覆虛空하고 一切寶鈴에 常出妙音하며 又於佛

소　　생최승복전심　　이아승지장　　장엄허
所에 生最勝福田心하야 以阿僧祇帳으로 莊嚴虛

공　　우일체영락운　　무유단절
空하고 雨一切瓔珞雲하야 無有斷絶하니라

님 처소에 환희한 마음을 일으켜 일체 하늘 꽃구름을 비내려 허공을 장엄하였다.

또 부처님 처소에 존중한 마음을 일으켜 일체 하늘 일산구름을 비내려 허공을 장엄하였다. 또 부처님 처소에 공양올리는 마음을 일으켜 일체 하늘 화만구름을 흩어 허공을 장엄하였다.

또 부처님 처소에 믿고 이해하는 마음을 내어 아승지 금그물을 펴서 허공을 두루 덮으니 일체 보배풍경에서는 항상 미묘한 소리가 나왔다. 또 부처님 처소에 가장 수승한 복전의 마음을 내어 아승지 휘장으로 허공을 장엄하

우어불소　　생심신심　　이아승지제천궁
又於佛所에　生深信心하야　以阿僧祇諸天宮

전　　　장엄허공　　일체천악　　출미묘음
殿으로　莊嚴虛空하야　一切天樂이　出微妙音하며

우어불소　　생최승난우심　　이아승지종종
又於佛所에　生最勝難遇心하야　以阿僧祇種種

색천의운　　　장엄허공　　우어무비종종묘
色天衣雲으로　莊嚴虛空하야　雨於無比種種妙

의
衣하니라

우어불소　　생무량환희용약심　　이아승지
又於佛所에　生無量歡喜踊躍心하야　以阿僧祇

제천보관　　　장엄허공　　우무량천관　　광
諸天寶冠으로　莊嚴虛空하고　雨無量天冠하야　廣

대성운　　우어불소　　기환희심　　이아승
大成雲하며　又於佛所에　起歡喜心하야　以阿僧

고 일체 영락구름을 비내려 끊어짐이 없었다.

또 부처님 처소에 깊이 믿는 마음을 내어 아승지 모든 하늘의 궁전으로 허공을 장엄하고 일체 하늘 음악이 미묘한 소리를 내었다. 또 부처님 처소에 가장 수승하고 만나기 어려운 마음을 내어 아승지 갖가지 색 하늘 옷구름으로 허공을 장엄하고 견줄 데 없는 갖가지 미묘한 옷을 비내렸다.

또 부처님 처소에 한량없는 환희하여 뛰노는 마음을 내어 아승지 모든 하늘 보배관으로 허공을 장엄하고 한량없는 하늘 관을 비내려 광대하게 구름을 이루었다. 또 부처님 처소에 환

지종종색보　　장엄허공　　우일체영락운
祇種種色寶로 莊嚴虛空하고 雨一切瓔珞雲하야

무유단절
無有斷絕하니라

백천억나유타아승지천자　　함어불소　　생
百千億那由他阿僧祇天子가 咸於佛所에 生

정신심　　산무수종종색천화　　연무수종
淨信心하야 散無數種種色天華하고 然無數種

종색천향　　공양여래　　우어불소　　기대
種色天香하야 供養如來하며 又於佛所에 起大

장엄변화심　　지무수종종색천전단말향
莊嚴變化心하야 持無數種種色天栴檀末香하야

봉산여래
奉散如來하니라

희하는 마음을 일으켜 아승지 갖가지 색 보배로 허공을 장엄하고 일체 영락구름을 비내려 끊어짐이 없었다.

백천억 나유타 아승지 천자들이 모두 부처님 처소에 청정한 신심을 내어 수없는 갖가지 색의 하늘 꽃을 흩으며, 수없는 갖가지 색의 하늘 향을 사르어 여래께 공양올렸다. 또 부처님 처소에 크게 장엄하고 변화하는 마음을 일으켜 수없는 갖가지 색의 하늘 전단가루향을 가지고 여래께 받들어 흩었다.

또 부처님 처소에 환희하여 뛰노는 마음을

우어불소　　기환희용약심　　지무수종종색
又於佛所에 起歡喜踊躍心하야 持無數種種色

개　　　수축여래　　우어불소　　기증상심
蓋하야 隨逐如來하며 又於佛所에 起增上心하야

지무수종종색천보의　　부포도로　　　공양
持無數種種色天寶衣하고 敷布道路하야 供養

여래
如來하니라

우어불소　　기청정심　　지무수종종색천보
又於佛所에 起淸淨心하야 持無數種種色天寶

당　　봉영여래　　우어불소　　기증상환희
幢하야 奉迎如來하며 又於佛所에 起增上歡喜

심　　지무수종종색천장엄구　　공양여래
心하야 持無數種種色天莊嚴具하야 供養如來하며

우어불소　　생불괴신심　　지무수천보만
又於佛所에 生不壞信心하야 持無數天寶鬘하야

일으켜 수없는 갖가지 색의 일산을 들고 여래를 뒤따랐다. 또 부처님 처소에 더 나은 마음을 일으켜 수없는 갖가지 색의 하늘 보배옷을 가지고 도로에 펴서 여래께 공양올렸다.

또 부처님 처소에 청정한 마음을 일으켜 수없는 갖가지 색의 하늘 보배깃대를 가지고 받들어 여래를 맞이하였다. 또 부처님 처소에 더 나은 환희하는 마음을 일으켜 수없는 갖가지 색의 하늘 장엄구를 가지고 여래께 공양올렸다. 또 부처님 처소에 무너지지 않는 신심을 내어 수없는 하늘 보배화만을 가지고 여래께 공양올렸다.

공양여래
供養如來하니라

우어불소　　생무비환희심　　지무수종종색
又於佛所에　生無比歡喜心하야　持無數種種色

천보번　　　공양여래　　　백천억나유타아승
天寶幡하야　供養如來하며　百千億那由他阿僧

지제천자　　이조순적정무방일심　　지무수
祇諸天子가　以調順寂靜無放逸心으로　持無數

종종색천악　　출묘음성　　　공양여래
種種色天樂하야　出妙音聲하야　供養如來하니라

백천억나유타불가설선주도솔궁제보살중
百千億那由他不可說先住兜率宮諸菩薩衆이

이종초과삼계법소생　　이제번뇌행소생
以從超過三界法所生과　離諸煩惱行所生과

또 부처님 처소에 견줄 데 없는 환희하는 마음을 내어 수없는 갖가지 색의 하늘 보배깃발을 가지고 여래께 공양올렸으며, 백천억 나유타 아승지 모든 천자들은 순조롭고 적정하여 방일하지 않은 마음으로 수없는 갖가지 색의 하늘 음악을 가지고 미묘한 음성을 내어 여래께 공양올렸다.

백천억 나유타 말할 수 없는 옛적, 도솔천궁에 머물렀던 모든 보살 대중들이 삼계를 초과한 법으로부터 생긴 것과, 모든 번뇌를 여읜 행으로 생긴 것과, 두루 두루하여 걸림이 없

주변무애심소생　　심심방편법소생　　무량
周徧無礙心所生과 甚深方便法所生과 無量

광대지소생　　견고청정신소증장　　부사의
廣大智所生과 堅固淸淨信所增長과 不思議

선근소생기　　아승지선교변화소성취　　공
善根所生起와 阿僧祇善巧變化所成就와 供

양불심지소현　　무작법문지소인　　출과제
養佛心之所現과 無作法門之所印인 出過諸

천제공양구　　공양어불
天諸供養具로 供養於佛하니라

이종바라밀소생일체보개　　어일체불경계
以從波羅蜜所生一切寶蓋와 於一切佛境界

청정해소생일체화장　　무생법인소생일체
淸淨解所生一切華帳과 無生法忍所生一切

는 마음으로 생긴 것과, 매우 깊은 방편의 법으로 생긴 것과, 한량없는 넓고 큰 지혜로 생긴 것과, 견고하고 청정한 믿음으로 증장한 것과, 부사의한 선근으로 일어난 것과, 아승지 선교 변화로 성취한 것과, 부처님께 공양올리는 마음으로 나타난 것과, 지음이 없는 법문으로 인가한 바인, 모든 하늘보다 나은 모든 공양구로 부처님께 공양올렸다.

바라밀로부터 생긴 일체 보배일산과, 일체 부처님 경계를 청정하게 이해함으로 생긴 일체 꽃휘장과, 무생법인으로 생긴 일체 옷과, 금강

의   입금강법무애심소생일체령망   해일
衣와 入金剛法無礙心所生一切鈴網과 解一

체법여환심소생일체견고향   주변일체불
切法如幻心所生一切堅固香과 周徧一切佛

경계여래좌심소생일체불중보묘좌   공양
境界如來座心所生一切佛衆寶妙座와 供養

불불해심소생일체보당   해제법여몽환희
佛不懈心所生一切寶幢과 解諸法如夢歡喜

심소생불소주일체보궁전   무착선근무생
心所生佛所住一切寶宮殿과 無著善根無生

선근소생일체보련화운   일체견고향운
善根所生一切寶蓮華雲과 一切堅固香雲과

일체무변색화운   일체종종색묘의운   일
一切無邊色華雲과 一切種種色妙衣雲과 一

체무변청정전단향운   일체묘장엄보개운
切無邊淸淨栴檀香雲과 一切妙莊嚴寶蓋雲과

법에 들어간 걸림없는 마음으로 생긴 일체 풍경그물과, 일체 법이 환과 같음을 아는 마음으로 생긴 일체 견고한 향과, 일체 부처님 경계와 여래의 자리에 두루 두루한 마음으로 생긴 일체 부처님의 온갖 보배로 된 미묘한 자리와, 부처님께 공양올리고 게으르지 않은 마음으로 생긴 일체 보배깃대와, 모든 법이 꿈과 같음을 아는 환희한 마음으로 생긴 바 부처님께서 머무르시는 일체 보배궁전과, 집착이 없는 선근과 남이 없는 선근으로 생긴 일체 보배연꽃구름과 일체 견고한 향구름과 일체 가없는 색의 꽃구름과 일체 갖가지 색의 미묘한

일체소향운　일체묘만운　일체청정장엄
一切燒香雲과 一切妙鬘雲과 一切淸淨莊嚴

구운　개변법계　출과제천공양지구　공
具雲이 皆徧法界하야 出過諸天供養之具로 供

양어불
養於佛하니라

기제보살　일일신　각출불가설백천억나
其諸菩薩의 一一身에 各出不可說百千億那

유타보살　개충만법계허공계　기심
由他菩薩하야 皆充滿法界虛空界하며 其心이

등어삼세제불　이종무전도법소기　무량
等於三世諸佛하며 以從無顚倒法所起와 無量

여래력소가　개시중생안은지도　구족
如來力所加로 開示衆生安隱之道하며 具足

옷구름과 일체 가없는 청정한 전단향구름과 일체 미묘하게 장엄한 보배일산구름과 일체 사르는 향구름과 일체 미묘한 화만구름과 일체 청정한 장엄구구름들이 다 법계에 두루하여 모든 하늘보다 나은 공양구로 부처님께 공양올렸다.

그 모든 보살들의 낱낱 몸에서 각각 말할 수 없는 백천억 나유타 보살들을 내었으니 모두 법계와 허공계에 충만하며, 그 마음이 삼세의 모든 부처님과 평등하며, 전도됨이 없는 법으로부터 일어난 바와 한량없는 여래 힘의 가피

불가설명미구　　　　보입무량법일체다라니종
不可說名味句하며　普入無量法一切陀羅尼種

중　　　　생불가궁진변재지장　　　심무소외
中하며　生不可窮盡辯才之藏하며　心無所畏하야

생대환희　　　　이불가설무량무진여실찬탄
生大歡喜하며　以不可說無量無盡如實讚歎

법　　찬탄여래　　　무유염족
法으로　讚歎如來하야　無有厭足이러라

한 바로써 중생에게 편안한 길을 열어 보이며, 말할 수 없는 낱말과 구절과 뜻을 구족하며, 한량없는 법인 일체 다라니 종자 가운데 널리 들어가며, 다할 수 없는 변재의 창고를 내며, 마음에 두려울 바가 없어 크게 환희함을 내며, 말할 수 없이 한량없고 다함없는 사실과 같은 찬탄하는 법으로 여래를 찬탄하되 만족해 싫어함이 없었다.

이시 　일체제천 　급제보살중 　견어여래응
爾時에 一切諸天과 及諸菩薩衆이 見於如來應

정등각불가사의인중지웅
正等覺不可思議人中之雄하니라

기신 　무량 　불가칭수 　현부사의종종신
其身이 無量하사 不可稱數라 現不思議種種神

변 　영무수중생 　심대환희 　보변일체
變하사 令無數衆生으로 心大歡喜하며 普徧一切

허공계일체법계 　이불장엄 　이위장엄
虛空界一切法界하사 以佛莊嚴으로 而爲莊嚴하사

영일체중생 　안주선근
令一切衆生으로 安住善根하니라

시현무량제불신력 　초과일체제어언도
示現無量諸佛神力하사 超過一切諸語言道하야

그때에 일체 모든 하늘과 모든 보살 대중들이 여래 응공 정등각이시며 불가사의한 사람 가운데 영웅이신 분을 친견하였다.

그 몸이 한량없으셔서 헤아릴 수 없었다. 부사의한 갖가지 신통변화를 나타내시어 수없는 중생들로 하여금 마음이 크게 환희케 하시며, 일체 허공계와 일체 법계에 널리 두루하여 부처님의 장엄으로써 장엄하시어 일체 중생으로 하여금 선근에 편안히 머무르게 하셨다.

한량없는 모든 부처님의 위신력을 나타내 보이시니 일체 모든 언어의 길을 뛰어넘어 모든

제대보살　　소공흠경　　수소응화　　개령
諸大菩薩의 所共欽敬이라 隨所應化하야 皆令

환희　　　주어제불광대지신　　공덕선근
歡喜하며 住於諸佛廣大之身하사 功德善根이

실이청정　　색상　제일　무능영탈
悉已淸淨하고 色相이 第一이라 無能映奪이시니라

지혜경계　　불가궁진　　무비삼매지소출
智慧境界가 不可窮盡이라 無比三昧之所出

생　　기신　무제　　변주일체중생신중
生이며 其身이 無際하야 徧住一切衆生身中하사

영무량중생　　개대환희　　영일체지　종
令無量衆生으로 皆大歡喜하고 令一切智가 種

성부단
性不斷케하시니라

대보살들이 함께 공경하는 바이며, 마땅한 바를 따라 교화하여 모두 환희케 하셨다. 모든 부처님의 넓고 큰 몸에 머물러 공덕과 선근이 다 이미 청정하고 색상이 제일이어서 능히 덮어 가릴 이가 없었다.

지혜와 경계가 다할 수 없으니 비길 데 없는 삼매가 출생한 것이며, 그 몸이 끝이 없어 일체 중생의 몸 가운데 두루 머무르시어 한량없는 중생들로 하여금 모두 크게 환희케 하고 일체지의 종성이 끊어지지 않게 하셨다.

주어제불구경소주　　생어삼세제불지가
住於諸佛究竟所住하사　生於三世諸佛之家하야

영불가수중생　　신해청정　　영일체보살
令不可數衆生으로　信解淸淨하며　令一切菩薩로

지혜성취　　제근열예　　법운　　보부허공
智慧成就하야　諸根悅豫하며　法雲이　普覆虛空

법계　　교화조복　　무유유여　　수중생
法界하야　敎化調伏을　無有遺餘하사　隨衆生

심　　실령만족　　영기안주무분별지　　출
心하야　悉令滿足하고　令其安住無分別智하야　出

과일체중생지상
過一切衆生之上케하시니라

획일체지　　방대광명　　숙세선근　　개령
獲一切智하사　放大光明하야　宿世善根을　皆令

모든 부처님의 구경에 머무르시는 데 머무르고 삼세의 모든 부처님 집에 태어나시어, 셀 수 없는 중생들로 하여금 믿고 이해함이 청정케 하며, 일체 보살로 하여금 지혜를 성취하여 모든 근을 기쁘게 하며, 법의 구름이 허공 법계를 널리 덮어서 교화하고 조복함에 남김이 없으며, 중생의 마음을 따라 모두 만족케 하며, 그들로 하여금 분별없는 지혜에 안주하여 일체 중생의 위를 지나가게 하셨다.

일체 지혜를 얻어 큰 광명을 놓으셔서 숙세의 선근을 모두 나타나게 하며, 널리 일체로

현현 보사일체 발광대심 영일체중
顯現하사 普使一切로 發廣大心하야 令一切衆

생 안주보현불가괴지 변주일체중생
生으로 安住普賢不可壞智하며 徧住一切衆生

국토 종어불퇴정법중생 주어일체평
國土하사 從於不退正法中生하야 住於一切平

등법계
等法界하니라

명료중생심지소의 현불가설불가설종종
明了衆生心之所宜하사 現不可說不可說種種

차별여래지신 비세언사 이탄가진
差別如來之身하시니 非世言辭로 而歎可盡이라

능령일체 상사염불 충만법계 광도
能令一切로 常思念佛하야 充滿法界하사 廣度

군생 수초발심 소욕이익 이법혜
群生하사대 隨初發心의 所欲利益하야 以法惠

하여금 넓고 큰 마음을 내게 하여 일체 중생으로 하여금 보현의 깨뜨릴 수 없는 지혜에 편안히 머무르며, 일체 중생의 국토에 두루 머물러 물러남이 없는 바른 법 가운데로부터 나서 일체 평등한 법계에 머무르게 하셨다.

중생들의 마음에 마땅한 바를 밝게 알고 말할 수 없이 말할 수 없는 갖가지 차별한 여래의 몸을 나타내시니, 세상의 말로는 찬탄하여 다할 수 없다. 능히 일체로 하여금 부처님께서 법계에 충만하여 중생들을 널리 제도하심을 항상 생각하게 하셨다. 초발심의 이익되게 하려던 것을 따라서 법으로 보시하여 그들로 하

시　　영기조복　　신해청정　　시현색신
施하사 令其調伏하야 信解淸淨하고 示現色身의

불가사의
不可思議케하시니라

등관중생　　심무소착주무애주　　득불십
等觀衆生하사대 心無所著住無礙住하사 得佛十

력　　무소장애　　심상적정　　미증산란
力하야 無所障礙하며 心常寂定하사 未曾散亂하야

주일체지
住一切智하시니라

선능개연종종문구진실지의　　능실심입무
善能開演種種文句眞實之義하고 能悉深入無

여금 조복하여 믿고 이해함이 청정케 하시며
색신의 불가사의함을 나타내 보이셨다.

중생들을 평등하게 관찰하여 마음에 집착하
는 바가 없고 걸림없이 머무름에 머무르셨다.
부처님의 십력을 얻어 장애되는 바가 없으며,
마음이 항상 적정하여 일찍이 산란치 아니하
고 일체 지혜에 머무르셨다.

갖가지 글자와 문구의 진실한 뜻을 잘 능히
연설하고, 가없는 지혜바다에 능히 다 깊이 들
어가, 한량없는 공덕과 지혜의 창고를 출생하

변 지 해　　　출 생 무 량 공 덕 혜 장
邊智海하사 出生無量功德慧藏하시니라

항 이 불 일　　　보 조 법 계　　　수 본 원 력　　　상 현
恒以佛日로 普照法界하며 隨本願力하사 常現

불 몰　　　항 주 법 계　　　주 불 소 주　　　무 유 변
不沒하며 恒住法界하사 住佛所住하며 無有變

이　　　어 아 아 소　　　구 무 소 착　　　주 출 세 법
異하사 於我我所에 俱無所著하고 住出世法하사

세 법 무 염
世法無染하시니라

어 일 체 세 간　　　건 지 혜 당　　　기 지　　광 대　　초
於一切世間에 建智慧幢하시니 其智가 廣大하야 超

과 세 간　　　무 소 염 착　　　발 제 중 생　　　영 출 어
過世間하사 無所染著하며 拔諸衆生하사 令出淤

신다.

　항상 부처님의 태양으로 법계를 널리 비추되 본래의 원력을 따라 항상 나타나 없어지지 않으며, 법계에 항상 머무르면서 부처님의 머무르시는 곳에 머물러 변해 달라짐이 없으며, '나'와 '나의 것'에 모두 집착하는 바가 없으며, 출세의 법에 머무르며 세간의 법에 물들지 않으신다.

　일체 세간에 지혜의 깃대를 세우시니, 그 지혜가 넓고 커서 세간을 초월하여 물드는 바가 없으며, 모든 중생들을 빼내어 수렁에서 나오게 하여 가장 높은 지혜의 땅에 두며, 있는 바니 泥_{하야} 치어최상지혜지지 置於最上智慧之地_{하며} 소유복덕 所有福德_{으로} 요 饒

익중생 益衆生_{호대} 이무유진 而無有盡_{하며} 요지일체보살지혜 了知一切菩薩智慧_가

신향결정 信向決定_{하야} 당성정각 當成正覺_{하며} 이대자비 以大慈悲_로 현불 現不

가설무량불신 可說無量佛身_{하사} 종종장엄 種種莊嚴_{하고} 이묘음성 以妙音聲_{으로}

연무량법 演無量法_{하사} 수중생의 隨衆生意_{하야} 실령만족 悉令滿足_{케하시니라}

어거래금 於去來今_에 심상청정 心常淸淨_{하사} 영제중생 令諸衆生_{으로} 불착 不著

경계 境界_{하며} 항여일체제보살기 恒與一切諸菩薩記_{하사} 영기개입불 令其皆入佛

복덕으로 중생들을 요익하게 하되 다함이 없으며, 일체 보살의 지혜를 분명히 알아서 믿고 나아감이 결정되어 마땅히 정각을 이룰 것이며, 큰 자비로써 말할 수 없고 한량없는 부처님의 몸을 나타내되 갖가지로 장엄하고, 미묘한 음성으로 한량없는 법문을 연설하여 중생들의 뜻을 따라 다 만족케 하신다.

과거와 미래와 현재에 마음이 항상 청정하여 모든 중생들로 하여금 경계에 집착하지 않게 하며, 항상 일체 모든 보살들에게 수기를 주어 그들로 하여금 다 부처님의 종성에 들어가

지종성   생재불가   득불관정
之種性하야 生在佛家하야 得佛灌頂케하시니라

상유시방   미증휴식   이어일체   무소
常遊十方하사 未曾休息하사대 而於一切에 無所

낙착   법계불찰   실능변왕   제중생심
樂著하고 法界佛刹에 悉能徧往하며 諸衆生心을

미불요지   소유복덕   이세청정   부주
靡不了知하사 所有福德으로 離世淸淨하사 不住

생사   이어세간   여영보현
生死하고 而於世間에 如影普現하시니라

이지혜월   보조법계   요달일체   실무소
以智慧月로 普照法界하사 了達一切가 悉無所

득   항이지혜   지제세간   여환여영   여
得하고 恒以智慧로 知諸世間이 如幻如影하며 如

고 부처님의 집에 태어나 부처님의 관정을 얻게 하신다.

시방에 항상 유행하여 일찍이 쉬지 아니하되 일체에 즐겨 집착하는 바가 없고, 법계의 부처님 세계에 다 능히 두루 가며, 모든 중생들의 마음을 분명히 알지 못함이 없고, 있는 바 복덕으로 세간을 여의고 청정하여 생사에 머무르지 않으면서도 세간에 그림자처럼 널리 나타나신다.

지혜의 달로 법계를 널리 비추어 일체가 모두 얻을 바 없음을 요달하며, 항상 지혜로써 모든 세간이 환과 같고 그림자 같으며 꿈과 같

몽여화　　일체　　개이심위자성　　여시이
夢如化하야 一切가 皆以心爲自性하사 如是而

주　　　수제중생　　업보부동　심락차별　　제
住하시며 隨諸衆生의 業報不同과 心樂差別과 諸

근각이　　이현불신
根各異하사 而現佛身하시니라

여래　　항이무수중생　　이위소연　　위설
如來가 恒以無數衆生으로 而爲所緣하사 爲說

세간　개종연기　　지제법상　개실무상
世間이 皆從緣起하사 知諸法相이 皆悉無相이라

유시일상지혜지본　　욕령중생　이제상
唯是一相智慧之本하시고 欲令衆生으로 離諸相

착　　시현일체세간성상　　이행어세　　위
著하야 示現一切世間性相하사 而行於世하야 爲

기개시무상보리
其開示無上菩提하시니라

고 변화한 것 같은 줄을 아신다. 일체가 다 마음으로 자성을 삼아 이와 같이 머무르며, 모든 중생들의 업보가 같지 않고 마음에 즐겨함이 차별하고 모든 근성이 각각 다름을 따라 부처님의 몸을 나타내신다.

여래께서는 항상 무수한 중생으로 반연할 바를 삼아서 세간이 모두 연을 따라 일어남을 설하시며, 모든 법의 모양이 모두 다 형상이 없으며 오직 한 모양만이 지혜의 근본임을 알고, 중생으로 하여금 모든 모양에 집착함을 여의게 하려고, 일체 세간의 성품과 모양을 나타내 보여 세상에 다니면서 그들을 위하여 위

위욕구호일체중생　　출현세간　　개시불
爲欲救護一切衆生하사 **出現世間**하야 **開示佛**

도　　영기득견여래신상　　반연억념　　근
道하며 **令其得見如來身相**하고 **攀緣憶念**하야 **勤**

가수습　　제멸세간번뇌지상　　수보리행
加修習하야 **除滅世間煩惱之相**하고 **修菩提行**호대

심불산동　　어대승문　개득원만　　성취
心不散動하야 **於大乘門**에 **皆得圓滿**하야 **成就**

일체제불의리
一切諸佛義利케하시니라

실능관찰중생선근　　이불괴멸청정업보
悉能觀察衆生善根하사대 **而不壞滅清淨業報**하고

지혜명료　　보입삼세
智慧明了하사 **普入三世**하시니라

없는 보리를 열어 보이신다.

일체 중생을 구호하려고 세간에 출현하여 부처님의 도를 열어 보이며, 그들로 하여금 여래의 신상을 보고 반연하고 생각하여 부지런히 더욱 닦아 익히게 하며, 세간의 번뇌상을 멸하여 없애고 보리행을 닦되 마음이 산란해 움직이지 아니하고, 대승의 문에 다 원만함을 얻어서 일체 모든 부처님의 의리를 성취하게 하신다.

중생의 선근을 다 능히 관찰하여 청정한 업보를 파괴하지 아니하니, 지혜가 명료하여 삼세에 널리 들어가신다.

영리일체세간분별　　방광명망　　보조시
永離一切世間分別하고　放光明網하사　普照十

방일체세계　　무불충만　　색신묘호　　견
方一切世界하사　無不充滿하며　色身妙好하사　見

자무염　　이대공덕지혜신통　　출생종종
者無厭하며　以大功德智慧神通으로　出生種種

보살제행　　제근경계　　자재원만　　작제
菩薩諸行하사대　諸根境界가　自在圓滿하사　作諸

불사　　작이변몰
佛事하고　作已便沒하시니라

선능개시과현미래일체지도　　위제보살
善能開示過現未來一切智道하사　爲諸菩薩하야

보우무량다라니우　　영기발기광대욕락
普雨無量陀羅尼雨하시고　令其發起廣大欲樂하야

일체 세간의 분별을 길이 여의었고, 광명 그물을 놓아 시방의 일체 세계를 널리 비추어 충만하지 않음이 없으며, 색신이 묘하고 좋아서 보는 자가 싫어함이 없으며, 큰 공덕과 지혜와 신통으로 갖가지 보살의 모든 행을 출생하며, 모든 근과 경계가 자재하고 원만하며, 모든 불사를 짓고는 문득 사라지신다.

과거와 현재와 미래의 일체 지혜의 길을 잘 능히 열어 보이며, 모든 보살들을 위하여 한량없는 다라니 비를 널리 비내리어 그들로 하여금 넓고 큰 욕락을 일으켜 받아 지니고 닦아

수지수습
受持修習케하시니라

성취일체제불공덕　원만치성　무변묘
成就一切諸佛功德하사 圓滿熾盛하야 無邊妙

색　장엄기신　일체세간　미불현도
色으로 莊嚴其身하시니 一切世間이 靡不現覩라

영리일체장애지법　어일체법진실지의
永離一切障礙之法하사 於一切法眞實之義에

이득청정　어공덕법　이득자재
已得淸淨하고 於功德法에 而得自在하시니라

위대법왕　여일보조　위세복전　구대
爲大法王하사 如日普照하며 爲世福田하사 具大

익히게 하신다.

일체 부처님의 공덕을 성취하여 원만하고 치성하였으며, 가없는 미묘한 색으로 그 몸을 장엄하니 일체 세간이 보지 못함이 없었다. 일체 장애되는 법을 영원히 여의고, 일체 법의 진실한 이치에 이미 청정함을 얻었고, 공덕의 법에 자재함을 얻으셨다.

큰 법왕이 되어 태양과 같이 널리 비추며, 세상의 복밭이 되어 큰 위덕을 갖추며, 일체 세간에 화신을 널리 나타내며, 지혜의 광명을

위덕　어일체세간　보현화신　방지혜
威德하며 於一切世間에 普現化身하며 放智慧

광　실령개오　욕령중생　지불구족무
光하사 悉令開悟하고 欲令衆生으로 知佛具足無

변공덕　이무애증　계정수위　수순
邊功德하니라 以無礙繒으로 繫頂受位하며 隨順

세간　방편개도　이지혜수　안위중생
世間하야 方便開導하며 以智慧手로 安慰衆生하며

위대의왕　선료중병　일체세간무량국
爲大醫王하사 善療衆病하며 一切世間無量國

토　실능변왕　미증휴식
土에 悉能徧往하사 未曾休息하니라

청정혜안　이제장예　실능명견　어작
淸淨慧眼이 離諸障翳하사 悉能明見하며 於作

불선악업중생　종종조복　영기입도
不善惡業衆生에 種種調伏하사 令其入道호대

놓아 모두 깨닫게 하시니 중생들로 하여금 부처님께서 가없는 공덕을 구족한 줄 알게 하시려는 것이다. 장애 없는 비단으로 이마에 매고 지위를 받으며, 세간을 따라서 방편으로 인도하며, 지혜의 손으로 중생들을 위로하며, 큰 의왕이 되어 온갖 병을 잘 치료하며, 일체 세간의 한량없는 국토에 다 능히 두루 나아가 일찍이 휴식하지 않으셨다.

청정한 지혜의 눈이 모든 걸리고 가림을 여의어 다 능히 밝게 보며, 착하지 않은 나쁜 업을 지은 중생들을 갖가지로 조복하여 그들로 하여금 도에 들어가게 하되 때의 마땅함을 잘

선취시의　　무유휴식
善取時宜하사 無有休息하니라

약제중생　기평등심　　즉위화현평등업
若諸衆生이 起平等心이어든 卽爲化現平等業

보　　수기심락　　수기업과　　위현불신
報하며 隨其心樂하고 隨其業果하야 爲現佛身하사

종종신변　　이위설법　　영기오해　　득
種種神變으로 而爲說法하사 令其悟解하야 得

법지혜　　심대환희　　제근용약　　견무
法智慧하며 心大歡喜하야 諸根踊躍하며 見無

량불　　기심중신　　생제선근　　영불퇴
量佛하고 起深重信하야 生諸善根하야 永不退

전
轉케하시니라

취하여 일찍이 휴식함이 없으셨다.

만약 모든 중생들이 평등한 마음을 일으키면 곧 평등한 업보를 변화하여 나타내며, 그 마음에 즐거함을 따르고 그 업과를 따라서 부처님의 몸과 갖가지 신통변화를 나타내어 법을 설하여 그들로 하여금 깨닫게 하며, 법의 지혜를 얻어 마음이 크게 환희하고 모든 근이 뛰놀며, 한량없는 부처님을 친견하고는 깊고 중한 신심을 일으키고 모든 선근을 내어 영원히 퇴전하지 않게 하셨다.

일체 중생이 업에 얽매인 바를 따라 길이 생

일체중생　수업소계　장면생사　　여래
一切衆生이 隨業所繫하야 長眠生死일새 如來

출세　　능각오지　안위기심　　사무우
出世하사 能覺悟之하야 安慰其心하사 使無憂

포　　약득견자　실령증입무의의지　지혜
怖하고 若得見者면 悉令證入無依義智하며 智慧

선교　요달경계　장엄묘호　무능영탈
善巧로 了達境界하며 莊嚴妙好가 無能映奪하며

지산법아　실이청정
智山法芽가 悉已淸淨하니라

혹현보살　혹현불신　영제중생　지무
或現菩薩하고 或現佛身하사 令諸衆生으로 至無

환지　무수공덕지소장엄　업행소성　현
患地하며 無數功德之所莊嚴과 業行所成으로 現

어세간　일체제불　장엄청정　막불개
於世間하시니 一切諸佛의 莊嚴淸淨이 莫不皆

사에 잠자고 있으니 여래께서 세간에 출현하여 능히 그들을 깨닫게 하고 그 마음을 위로하여 근심과 두려움이 없게 하셨다. 만약 친견하는 자가 있으면 모두 의지함이 없는 이치의 지혜를 증득하여 들어가게 하며, 지혜의 선교로 경계를 요달하며, 장엄이 미묘하고 아름다워 능히 가려 덮을 이가 없으며, 지혜의 산과 법의 싹이 다 이미 청정하였다.

혹은 보살을 나타내고 혹은 부처의 몸을 나타내어 모든 중생들로 하여금 근심 없는 지위에 이르게 하셨다. 수없는 공덕으로 장엄한 것이며 업행으로 성취한 바로 세간에 출현하시니 일체

이 일 체 지 업 지 소 성 취
以一切智業之所成就하시니라

상 수 본 원　　　불 사 세 간　　　작 제 중 생　　　견 고
常守本願하사　不捨世間하야　作諸衆生의　堅固

선 우　　　청 정 제 일　　　이 구 광 명　　　영 일 체 중
善友하며　淸淨第一인　離垢光明을　令一切衆

생　　　개 득 현 견　　　육 취 중 생　　　무 량 무 변
生으로　皆得現見하며　六趣衆生의　無量無邊을

불 이 신 력　　　상 수 불 사　　　약 유 왕 석　　　동 종
佛以神力으로　常隨不捨하며　若有往昔에　同種

선 근　　　개 령 청 정　　　이 어 육 취 일 체 중 생
善根이면　皆令淸淨하며　而於六趣一切衆生에

불 사 본 원　　　무 소 기 광　　　실 이 선 법　　　방 편
不捨本願하사　無所欺誑하며　悉以善法으로　方便

모든 부처님의 장엄이 청정함은 모두 일체 지혜의 업으로 성취하시지 않음이 없었다.

본래의 서원을 항상 지키어 세간을 버리지 아니하고 모든 중생들에게 견고한 선지식이 되며, 청정하기 제일이라 때를 여읜 광명을 일체 중생이 다 보게 하며, 여섯 갈래의 중생들이 한량없고 가없지만 부처님의 위신력으로 항상 따르고 버리지 아니하신다. 만약 지난 옛적에 선근을 함께 심었으면 모두 청정하게 하며, 여섯 갈래의 일체 중생에게는 본래의 서원을 버리지 아니하고 속이는 것이 없으며, 다

섭취　　　　영기수습청정지업　　　　최파일체제
攝取하사 令其修習淸淨之業하야 摧破一切諸

마투쟁
魔鬪諍케하시니라

종무애제　　　출광대력　　　최승일장　　무유
從無礙際하사 出廣大力하고 最勝日藏이 無有

장애　　　어정심계　　이현영상　　　일체세간
障礙하사 於淨心界에 而現影像하시니 一切世間이

무불도견　　　이종종법　　　광시중생
無不覩見이라 以種種法으로 廣施衆生하니라

불시무변광명지장　　　제력지혜　　개실원만
佛是無邊光明之藏이라 諸力智慧가 皆悉圓滿하사

항이대광　　　보조중생　　　수기소원　　　개령
恒以大光으로 普照衆生하사 隨其所願하사 皆令

선한 법과 방편으로 거두어 주며, 그들로 하여금 청정한 업을 닦아 익히게 하고 일체 모든 마군의 투쟁을 깨뜨리게 하셨다.

걸림이 없는 경계로 광대한 힘을 내되, 가장 훌륭한 태양이 장애가 없듯이 청정한 마음의 경계에 영상을 나타내어 일체 세간이 보게 하며, 갖가지 법으로 중생에게 널리 베푸신다.

부처님께서는 가없는 광명장이니 모든 힘과 지혜가 모두 다 원만하여, 항상 큰 광명으로 중생들을 널리 비추어 그 원하는 바를 따라 다 만족케 하여 모든 원수와 적을 여의게 하

만족   이제원적   위상복전   일체중
滿足하야 離諸怨敵하며 爲上福田하사 一切衆

생   공소의호
生의 共所依怙라

범유소시   실령청정   수소선행   수무량
凡有所施에 悉令淸淨하고 修少善行에 受無量

복   실령득입무진지지   위일체중생
福하야 悉令得入無盡智地하고 爲一切衆生의

종식선근정심지주   위일체중생   발생복
種植善根淨心之主하고 爲一切衆生의 發生福

덕최상양전   지혜심심   방편선교   능
德最上良田하사 智慧甚深한 方便善巧로 能

구일체삼악도고
救一切三惡道苦하시니라

며, 높은 복밭이 되어 일체 중생의 함께 의지
하는 바이다.

무릇 베푸는 것을 모두 청정케 하고, 조그만
선행을 닦아도 한량없는 복을 받아서 다함이
없는 지혜의 땅에 들어가게 하신다. 일체 중생
의 선근을 심는 청정한 마음의 주인이 되고,
일체 중생의 복덕을 내게 하는 최상의 좋은
밭이 되며, 지혜가 매우 깊은 방편 선교로 일
체 삼악도의 고통을 능히 구제하신다.

이와 같이 믿고 이해하며, 이와 같이 관찰하
며, 이와 같이 지혜의 연못에 들어가며, 이와

여시신해　　여시관찰　　여시입어지혜지
如是信解하며　如是觀察하며　如是入於智慧之

연　　　여시유어공덕지해　　여시보지허공
淵하며　如是遊於功德之海하며　如是普至虛空

지혜　　여시이지중생복전
智慧하며　如是而知衆生福田하니라

여시정념현전관찰　　여시관불제업상
如是正念現前觀察하며　如是觀佛諸業相

호　　여시관불보현세간　　여시관불신통자
好하며　如是觀佛普現世間하며　如是觀佛神通自

재
在러라

시피대중　견여래신일일모공　출백천억
時彼大衆이　見如來身——毛孔에　出百千億

같이 공덕의 바다에 노닐며, 이와 같이 허공 같은 지혜에 널리 이르며, 이와 같이 중생의 복밭을 알았다.

이와 같이 바른 생각으로 앞에 나타난 듯이 관찰하며, 이와 같이 부처님의 모든 업과 상호를 관찰하며, 이와 같이 부처님께서 세간에 널리 나타나심을 관찰하며, 이와 같이 부처님의 신통이 자재하심을 관하였다.

그때에 그 대중들이 보니, 여래 몸의 낱낱 털구멍에서 백천억 나유타 아승지 광명이 나오고, 낱낱 광명마다 아승지 색과 아승지 청정

나유타아승지광명 　　일일광명 　유아승지
那由他阿僧祇光明하사 一一光明이 有阿僧祇

색 　아승지청정 　아승지조명 　　영아승지
色과 阿僧祇淸淨과 阿僧祇照明하야 令阿僧祇

중관찰 　　아승지중환희 　　아승지중쾌
衆觀察하며 阿僧祇衆歡喜하며 阿僧祇衆快

락 　　아승지중심신증장 　아승지중지락
樂하며 阿僧祇衆深信增長하며 阿僧祇衆志樂

청정 　　아승지중제근청량 　아승지중공
淸淨하며 阿僧祇衆諸根淸涼하며 阿僧祇衆恭

경존중
敬尊重이러라

이시대중 　함견불신 　방백천억나유타부
爾時大衆이 咸見佛身에 放百千億那由他不

함과 아승지 조명이 있었다.

아승지 대중들이 관찰하며, 아승지 대중들이 환희하며, 아승지 대중들이 즐기며, 아승지 대중들의 깊은 믿음이 증장하며, 아승지 대중들의 뜻의 즐거움이 청정하며, 아승지 대중들의 모든 근이 청량하며, 아승지 대중들이 공경하고 존중하게 하였다.

그때에 대중들이 부처님의 몸에서 백천억 나유타 부사의한 큰 광명을 놓으심을 다 보니, 낱낱 광명이 다 부사의한 색과 부사의한 빛이 있어 부사의한 가없는 법계를 비추었다. 부처

사의대광명　　일일광명　　개유부사의색
思議大光明하신대 一一光明이 皆有不思議色과

부사의광　　조부사의무변법계　　이불신
不思議光하야 照不思議無邊法界러니라 以佛神

력　　출대묘음　　기음　　연창백천억나유
力으로 出大妙音하사 其音이 演暢百千億那由

타부사의찬송　　초제세간　　소유언사
他不思議讚頌하사대 超諸世間의 所有言辭하시니

출세선근지소성취
出世善根之所成就하시니라

부현백천억나유타부사의미묘장엄　　어
復現百千億那由他不思議微妙莊嚴이 於

백천억나유타부사의겁　　탄불가진　　개
百千億那由他不思議劫에 歎不可盡하시니 皆

시여래무진자재지소출생　　우현불가설
是如來無盡自在之所出生이시며 又現不可說

님의 위신력으로 크고 묘한 음성을 내고, 그 음성이 백천억 나유타의 부사의한 찬송을 연설하여 펼치되, 모든 세간에 있는 말을 초월하였으니 출세간의 선근으로 성취한 것이었다.

다시 백천억 나유타의 부사의하고 미묘한 장엄을 나타내시는데, 백천억 나유타의 부사의한 겁 동안 찬탄하여도 다할 수가 없으니, 모두 여래의 다함없는 자재로 출생하는 것이었다. 또 말할 수 없는 모든 부처님 여래께서 세상에 출현하셔서 모든 중생들로 하여금 지혜의 문에 들어가 매우 깊은 이치를 알게 함을 나타내었다.

제불여래 출흥우세 영제중생 입지혜
諸佛如來가 出興于世하사 令諸衆生으로 入智慧

문 해심심의
門하야 解甚深義하니라

우현불가설제불여래 소유변화 진법계
又現不可說諸佛如來의 所有變化가 盡法界

허공계 영일체세간 평등청정 여
虛空界하야 令一切世間으로 平等淸淨하시니 如

시 개종여래소주무장애일체지생 역종
是가 皆從如來所住無障礙一切智生이요 亦從

여래소수행부사의승덕생
如來所修行不思議勝德生이시니라

부현백천억나유타부사의묘보광염 종
復現百千億那由他不思議妙寶光燄하시니 從

석대원선근소기 이증공양무량여래 수
昔大願善根所起라 以曾供養無量如來하사 修

또 말할 수 없는 모든 부처님 여래의 있는 바 변화가 온 법계와 허공계에서 일체 세간으로 하여금 평등하고 청정케 함을 나타내었다. 이와 같은 것은 모두 여래께서 머무르신 바 장애 없는 일체 지혜로부터 나는 것이며, 또한 여래께서 수행하신 바 부사의하고 수승한 덕으로부터 나는 것이었다.

다시 백천억 나유타의 부사의하고 미묘한 보배광명불꽃을 나타내시니, 지난 옛적 큰 원과 선근으로부터 일어난 것이었다. 일찍이 한량없는 여래께 공양올리면서 청정한 행을 닦아 방일하지 아니한 까닭이며, 일체 지혜의 마음이

청정행　　무방일고　　살바야심　　무유장
清淨行하야 **無放逸故**며 **薩婆若心**이 **無有障**

애　　생선근고
礙하야 **生善根故**시니라

위현여래력광변고　　위단일체중생의고
爲顯如來力廣徧故며 **爲斷一切衆生疑故**며

위령함득견여래고　　영무량중생　　주선근
爲令咸得見如來故며 **令無量衆生**으로 **住善根**

고　현시여래신통지력　무영탈고　욕령중
故며 **顯示如來神通之力**이 **無暎奪故**며 **欲令衆**

생　　보득입어구경해고　　위령일체제불국
生으로 **普得入於究竟海故**며 **爲令一切諸佛國**

토보살대중　　개래집고　　위욕개시불가사
土菩薩大衆으로 **皆來集故**며 **爲欲開示不可思**

장애가 없이 선근을 낸 까닭이다.

여래의 힘이 넓고 두루함을 나타내기 위한 까닭이며, 일체 중생의 의심을 끊기 위한 까닭이며, 여래를 모두 친견하게 하는 까닭이며, 한량없는 중생들로 하여금 선근에 머무르게 하는 까닭이며, 여래의 신통한 힘이 덮어 가려질 수 없음을 나타내 보이는 까닭이며, 중생들로 하여금 구경바다에 널리 들어가게 하기 위한 까닭이며, 일체 모든 부처님 국토의 보살 대중들로 하여금 다 와서 모이게 하기 위한 까닭이며, 불가사의한 부처님의 법문을 열어 보

의 불법 문 고
議佛法門故니라

이시 여래 대비보부 시일체지소유장
爾時에 如來가 大悲普覆하사 示一切智所有莊

엄 욕령불가설백천억나유타아승지세계
嚴하사 欲令不可說百千億那由他阿僧祇世界

중중생 미신자 신 이신자 증장 이
中衆生의 未信者로 信하고 已信者로 增長하고 已

증장자 영기청정 이청정자 영기성
增長者는 令其淸淨하고 已淸淨者는 令其成

숙 이성숙자 영심조복
熟하고 已成熟者는 令心調伏하나라

관심심법 구족무량지혜광명 발생무
觀甚深法하야 具足無量智慧光明하고 發生無

이기 위한 까닭이다.

그때에 여래께서 대비로 널리 덮어 일체 지혜
에 있는 바 장엄을 보이셔서, 말할 수 없는 백
천억 나유타 아승지 세계 가운데 중생들로 하
여금 아직 믿지 않은 자는 믿고, 이미 믿는 자
는 증장하게 하며, 이미 증장한 자는 그로 하
여금 청정하게 하며, 이미 청정한 자는 그로
하여금 성숙하게 하며, 이미 성숙한 자는 마
음으로 하여금 조복하게 하려 하셨다.

매우 깊은 법을 관찰하여 한량없는 지혜 광
명을 구족하고, 한량없는 넓고 큰 마음을 발

량광대지심　　　살바야심　　　무유퇴전　　　불
量廣大之心하야 薩婆若心에 無有退轉하며 不

위법성　　　불포실제　　　증진실리
違法性하고 不怖實際하야 證眞實理하니라

만족일체바라밀행　　　출세선근　　　개실청
滿足一切波羅蜜行하야 出世善根이 皆悉淸

정　　유여보현　　　득불자재　　　이마경계
淨호미 猶如普賢하야 得佛自在하며 離魔境界하고

입제불경　　　요지심법　　　획난사지　　　대승
入諸佛境하야 了知深法하고 獲難思智하야 大乘

서원　　영불퇴전
誓願에 永不退轉하니라

상견제불　　　미증사리　　　성취증지　　　증무
常見諸佛하야 未曾捨離하고 成就證智하야 證無

량법　　구족무변　　복덕장력　　　발환희심
量法하고 具足無邊한 福德藏力하고 發歡喜心하야

생하여 일체 지혜의 마음에서 퇴전함이 없으며, 법성을 어기지 않고 실제를 두려워하지 아니하여 진실한 이치를 증득하였다.

일체 바라밀행을 만족하고 세상을 벗어난 선근이 모두 다 청정한 것이 마치 보현보살과 같아서 부처님의 자재를 얻으며, 마의 경계를 떠나고 모든 부처님의 경계에 들어가서, 깊은 법을 분명히 알고 사의하기 어려운 지혜를 얻어 대승의 서원에서 길이 퇴전하지 아니하였다.

항상 모든 부처님을 친견하여 일찍이 떠나지 아니하고, 증득한 지혜를 성취하여 한량없는 법을 증득하고, 가없는 복덕장의 힘을 구족하

입무의지　　　이악청정　　　의일체지　　　견
入無疑地하나라 離惡淸淨하고 依一切智하야 見

법부동　　　득입일체보살중회　　　상생삼세
法不動하며 得入一切菩薩衆會하야 常生三世

제여래가
諸如來家케하시나라

세존　　소현여시장엄　　개시과거　　선소적
世尊의 所現如是莊嚴이 皆是過去에 先所積

집　　선근소성　　　위욕조복제중생고
集한 善根所成이라 爲欲調伏諸衆生故나라

개시여래대위덕고　　조명무애지혜장고
開示如來大威德故며 照明無礙智慧藏故며

시현여래무변승덕　　극치연고　　현시여래
示現如來無邊勝德이 極熾然故며 顯示如來

불가사의대신변고　　이신통력　　어일체취
不可思議大神變故며 以神通力으로 於一切趣에

고 환희하는 마음을 내어 의심 없는 지위에 들어갔다. 악을 떠나 청정하고, 일체지를 의지하여 법이 흔들리지 않음을 보며, 일체 보살 대중모임에 들어가서 항상 삼세 모든 여래의 집에 태어났다.

세존께서 나타내신 이와 같은 장엄은 다 과거에 먼저 쌓아 모은 선근으로 이루어진 것이니, 모든 중생들을 조복하고자 하기 위한 까닭이다.

여래의 큰 위덕을 열어 보이는 까닭이며, 걸림 없는 지혜장을 밝게 비추는 까닭이며, 여래의 가없는 수승한 덕이 극히 치성함을 나타내 보

현불신고
現佛身故니라

시현여래신통변화　무변제고　본소지원
示現如來神通變化가 無邊際故며 本所志願이

실성만고　현시여래용맹지혜　능변왕고
悉成滿故며 顯示如來勇猛智慧가 能徧往故며

어법　자재　성법왕고　출생일체지혜문
於法에 自在하야 成法王故며 出生一切智慧門

고　시현여래신청정고
故며 示現如來身淸淨故니라

우현기신　최수묘고　현시증득삼세제불
又現其身이 最殊妙故며 顯示證得三世諸佛

평등법고　개시선근청정장고　현시세간
平等法故며 開示善根淸淨藏故며 顯示世間

무능위유상묘색고　현시구족십력지상
無能爲諭上妙色故며 顯示具足十力之相하사

이는 까닭이며, 여래의 불가사의한 큰 신통변화를 나타내 보이는 까닭이며, 신통력으로 일체 갈래에 부처님의 몸을 나타내는 까닭이다.

여래의 신통 변화가 끝이 없음을 나타내 보이는 까닭이며, 본래 뜻하고 원한 것을 다 원만히 성취하는 까닭이며, 여래의 용맹한 지혜가 능히 두루 나아가는 것을 나타내 보이는 까닭이며, 법에 자재하여 법왕을 이루는 까닭이며, 일체 지혜의 문을 출생하는 까닭이며, 여래의 몸이 청정함을 나타내 보이는 까닭이다.

또 그 몸이 가장 특수하고 미묘함을 나타내는 까닭이며, 삼세 모든 부처님의 평등한 법을

영기견자　무염족고　위세간일　　조삼세
令其見者로 無厭足故며 爲世間日하야 照三世

고　　자재법왕　일체공덕　개종왕석선
故니라 自在法王의 一切功德이 皆從往昔善

근소현　　일체보살　어일체겁　칭양찬
根所現이라 一切菩薩이 於一切劫에 稱揚讚

설　　　불가궁진
說하야도 不可窮盡이러라

증득함을 나타내 보이는 까닭이며, 선근의 청정한 창고를 열어 보이는 까닭이며, 세간에 능히 비유할 수 없는 가장 미묘한 색을 나타내 보이는 까닭이며, 십력을 구족한 모습을 나타내 보여서 그것을 보는 자로 하여금 만족해 싫어함이 없게 하는 까닭이며, 세간의 태양이 되어 삼세를 비추는 까닭이다.

자재하신 법왕의 일체 공덕은 다 지난 옛적 선근으로부터 나타난 것이다. 일체 보살이 일체 겁 동안 칭양하고 찬탄해 설하여도 다할 수 없다.

이시　　도솔타천왕　　봉위여래　　　엄변여시
爾時에　兜率陀天王이　奉爲如來하야　嚴辦如是

제공구이　　　　여백천억나유타아승지도솔천
諸供具已하고　與百千億那由他阿僧祇兜率天

자　　향불합장　　　　백불언
子로　向佛合掌하고　白佛言하니라

선래세존　　　　　선래선서　　　　선래여래응정등
善來世尊이시여　善來善逝시여　善來如來應正等

각　　　유견애민　　　처차궁전
覺이시여　唯見哀愍하사　處此宮殿하소서

그때에 도솔타천왕이 받들어 여래를 위하여 이와 같은 모든 공양구를 장엄하게 마련하고 나서, 백천억 나유타 아승지 도솔천자들과 더불어 부처님을 향하여 합장하고 부처님께 사뢰어 말씀드렸다.

"잘 오셨습니다, 세존이시여! 잘 오셨습니다, 선서시여! 잘 오셨습니다, 여래 응공 정등각이시여! 오직 가엾게 여기시어 이 궁전에 머무르소서."

이시　세존　이불장엄　이자장엄　구
爾時에 世尊이 以佛莊嚴으로 而自莊嚴하사 具

대위덕
大威德하시니라

위령일체중생　생대환희고　일체보살
爲令一切衆生으로 生大歡喜故며 一切菩薩로

발심오해고　일체도솔타천자　증익욕락
發深悟解故며 一切兜率陀天子로 增益欲樂

고　도솔타천왕　공양승사　무염족
故며 兜率陀天王으로 供養承事하야 無厭足

고　무량중생　연념어불　이발심고　무
故며 無量衆生으로 緣念於佛하야 而發心故며 無

량중생　종견불선근　복덕무진고　상
量衆生으로 種見佛善根하야 福德無盡故며 常

능발기청정신고　견불공양　무소구고
能發起淸淨信故며 見佛供養하야 無所求故며

그때에 세존께서 부처님의 장엄으로써 스스로 장엄하여 큰 위덕을 갖추셨다.

일체 중생으로 하여금 큰 환희를 내게 하기 위한 까닭이며, 일체 보살이 깊은 깨달음과 이해를 내게 하기 위한 까닭이며, 일체 도솔타천자가 욕락을 증익케 하기 위한 까닭이며, 도솔타천왕이 공양올리고 받들어 섬겨서 만족해 싫어함이 없게 하기 위한 까닭이며, 한량없는 중생들이 부처님을 인연하여 발심케 하기 위한 까닭이며, 한량없는 중생들이 부처님을 친견하는 선근을 심어서 복덕이 다함없도록 하기 위한 까닭이며, 항상 능히 청정한 믿음을

소유지원　개청정고　근집선근　　무해식
所有志願을 皆清淨故며 勤集善根하야 無懈息

고　발대서원　구일체지고　수천왕청
故며 發大誓願하야 求一切智故로 受天王請하사

입일체보장엄전
入一切寶莊嚴殿하시니라

여차세계　시방소유일체세계　실역여
如此世界하야 十方所有一切世界도 悉亦如

시
是러라

이시　일체보장엄전　자연이유묘호장엄
爾時에 一切寶莊嚴殿에 自然而有妙好莊嚴이

출과제천장엄지상　일체보망　주잡미
出過諸天莊嚴之上하야 一切寶網이 周帀彌

일으키는 까닭이며, 부처님을 친견하고 공양 올리되 구하는 바가 없는 까닭이며, 있는 바 뜻과 원을 모두 청정하게 하는 까닭이며, 부지런히 선근을 모아 게으름이 없는 까닭이며, 큰 서원을 내어 일체지를 구하는 까닭으로, 천왕의 청을 받아서 일체 보장엄전에 들어가셨다.

이 세계와 같이 시방에 있는 일체 세계에서도 모두 또한 이와 같았다.

그때에 일체 보장엄전에 저절로 미묘하고 아름다운 장엄이 있었으니, 모든 하늘의 장엄보다 뛰어났다. 일체 보배그물이 두루두루 가득

부 보우일체상묘보운 보우일체장엄
覆_{하야} 普雨一切上妙寶雲_{하며} 普雨一切莊嚴

구운 보우일체보의운 보우일체전단
具雲_{하며} 普雨一切寶衣雲_{하며} 普雨一切栴檀

향운 보우일체견고향운
香雲_{하며} 普雨一切堅固香雲_{하니라}

보우일체보장엄개운 보우불가사의화취
普雨一切寶莊嚴蓋雲_{하며} 普雨不可思議華聚

운 보출불가사의기악음성 찬양여래
雲_{하며} 普出不可思議妓樂音聲_{하야} 讚揚如來_의

일체종지 실여묘법 이공상응 여시
一切種智_가 悉與妙法_{으로} 而共相應_{하니} 如是

일체제공양구 실과제천공양지상
一切諸供養具_가 悉過諸天供養之上_{이러라}

덮어서 일체 가장 미묘한 보배구름을 널리 비내리며, 일체 장엄구구름을 널리 비내리며, 일체 보배옷구름을 널리 비내리며, 일체 전단향구름을 널리 비내리며, 일체 견고한 향구름을 널리 비내렸다.

일체 보배로 장엄한 일산구름을 널리 비내리며, 불가사의한 꽃무더기구름을 널리 비내리며, 불가사의한 기악소리를 널리 내어 여래의 일체종지가 모두 미묘한 법으로 더불어 함께 서로 응함을 찬양하였다. 이와 같은 일체 모든 공양구가 다 모든 하늘의 공양보다 훨씬 뛰어났다.

시　도솔궁중기악가찬　치연불식　이불
時에 兜率宮中妓樂歌讚이 熾然不息호대 以佛

신력　영도솔왕　심무동란　왕석선
神力으로 令兜率王으로 心無動亂하야 往昔善

근　개득원만　무량선법　익가견고　증
根이 皆得圓滿하며 無量善法이 益加堅固하며 增

장정신　기대정진　생대환희　정심
長淨信하야 起大精進하며 生大歡喜하야 淨深

지락　발보리심　염법무단　총지불
志樂하며 發菩提心하야 念法無斷하야 總持不

망
忘이러시니라

그때에 도솔천궁에서 기악과 노래와 찬탄이 치성하여 쉬지 아니하였다. 부처님의 위신력으로 도솔천왕으로 하여금 마음이 흔들리거나 어지럽지 않게 하여 지난 옛적의 선근이 다 원만함을 얻으며, 한량없는 선한 법이 더욱 더 견고하여 청정한 믿음이 증장하여 큰 정진을 일으키며, 큰 환희를 내어서 즐겨하는 뜻이 청정하고 깊어지며, 보리심을 내어 법을 생각함이 끊어지지 아니하고 모두 지니어 잊지 아니하였다.

이시 　도솔타천왕 　승불위력 　즉자억념
爾時에 兜率陀天王이 承佛威力하야 卽自憶念

과거불소 　소종선근 　이설송언
過去佛所에 所種善根하고 而說頌言하니라

석유여래무애월 　제길상중최수승
昔有如來無礙月이라 諸吉祥中最殊勝이시니

피증입차장엄전 　시고차처최길상
彼曾入此莊嚴殿일새 是故此處最吉祥이로다

석유여래명광지 　제길상중최수승
昔有如來名廣智라 諸吉祥中最殊勝이시니

피증입차금색전 　시고차처최길상
彼曾入此金色殿일새 是故此處最吉祥이로다

그때에 도솔타천왕이 부처님의 위신력을 받들어 곧 과거에 부처님 처소에서 심은 선근을 스스로 기억하고 게송을 설하여 말씀하였다.

옛적에 무애월 여래가 계셔서
모든 길상 가운데 가장 수승하시며
그 여래께서 일찍이 이 장엄전에 드시었으니
그러므로 이곳이 가장 길상하도다.

옛적에 광지 여래가 계셔서
모든 길상 가운데 가장 수승하시며
그 여래께서 일찍이 이 금색전에 드시었으니
그러므로 이곳이 가장 길상하도다.

석유여래명보안
昔有如來名普眼_{이라}

제 길 상 중 최 수 승
諸吉祥中最殊勝_{이시니}

피증입차연화전
彼曾入此蓮華殿_{일새}

시 고 차 처 최 길 상
是故此處最吉祥_{이로다}

석유여래호산호
昔有如來号珊瑚_라

제 길 상 중 최 수 승
諸吉祥中最殊勝_{이시니}

피증입차보장전
彼曾入此寶藏殿_{일새}

시 고 차 처 최 길 상
是故此處最吉祥_{이로다}

석유여래논사자
昔有如來論師子_라

제 길 상 중 최 수 승
諸吉祥中最殊勝_{이시니}

피증입차산왕전
彼曾入此山王殿_{일새}

시 고 차 처 최 길 상
是故此處最吉祥_{이로다}

옛적에 보안 여래가 계셔서

모든 길상 가운데 가장 수승하시며

그 여래께서 일찍이 이 연화전에 드시었으니

그러므로 이곳이 가장 길상하도다.

옛적에 산호 여래가 계셔서

모든 길상 가운데 가장 수승하시며

그 여래께서 일찍이 이 보장전에 드시었으니

그러므로 이곳이 가장 길상하도다.

옛적에 논사자 여래가 계셔서

모든 길상 가운데 가장 수승하시며

그 여래께서 일찍이 이 산왕전에 드시었으니

그러므로 이곳이 가장 길상하도다.

석유여래명일조
昔有如來名日照라

제길상중최수승
諸吉祥中最殊勝이시니

피증입차중화전
彼曾入此衆華殿일새

시고차처최길상
是故此處最吉祥이로다

석유불호무변광
昔有佛号無邊光이라

제길상중최수승
諸吉祥中最殊勝이시니

피증입차수엄전
彼曾入此樹嚴殿일새

시고차처최길상
是故此處最吉祥이로다

석유여래명법당
昔有如來名法幢이라

제길상중최수승
諸吉祥中最殊勝이시니

피증입차보궁전
彼曾入此寶宮殿일새

시고차처최길상
是故此處最吉祥이로다

옛적에 일조 여래가 계셔서
모든 길상 가운데 가장 수승하시며
그 여래께서 일찍이 이 중화전에 드시었으니
그러므로 이곳이 가장 길상하도다.

옛적에 무변광 부처님이 계셔서
모든 길상 가운데 가장 수승하시며
그 부처님께서 일찍이 이 수엄전에 드시었으니
그러므로 이곳이 가장 길상하도다.

옛적에 법당 여래가 계셔서
모든 길상 가운데 가장 수승하시며
그 여래께서 일찍이 이 보궁전에 드시었으니
그러므로 이곳이 가장 길상하도다.

석유여래명지등
昔有如來名智燈이라

제길상중최수승
諸吉祥中最殊勝이시니

피증입차향산전
彼曾入此香山殿일새

시고차처최길상
是故此處最吉祥이로다

석유불호공덕광
昔有佛号功德光이라

제길상중최수승
諸吉祥中最殊勝이시니

피증입차마니전
彼曾入此摩尼殿일새

시고차처최길상
是故此處最吉祥이로다

여차세계도솔천왕
如此世界兜率天王이

승불신력
承佛神力하고

이송찬탄
以頌讚歎

과거제불
過去諸佛하야

시방일체제세계중도솔천왕
十方一切諸世界中兜率天王도

옛적에 지등 여래가 계셔서

모든 길상 가운데 가장 수승하시며

그 여래께서 일찍이 이 향산전에 드시었으니

그러므로 이곳이 가장 길상하도다.

옛적에 공덕광 부처님이 계셔서

모든 길상 가운데 가장 수승하시며

그 부처님께서 일찍이 이 마니전에 드시었으니

그러므로 이곳이 가장 길상하도다.

이 세계의 도솔천왕이 부처님의 위신력을 받

들어 과거 모든 부처님을 게송으로 찬탄한 것

과 같이, 시방 일체 모든 세계 가운데 도솔천

실역여시　　탄불공덕
悉亦如是하야 歎佛功德이러라

이시　　세존　　어일체보장엄전마니보장사
爾時에 世尊이 於一切寶莊嚴殿摩尼寶藏師

자좌상　　결가부좌
子座上에 結跏趺坐하시니라

법신청정　　묘용자재　　여삼세불　　동일
法身淸淨하고 妙用自在하사 與三世佛로 同一

경계　　주일체지　　여일체불　　동입일
境界하시며 住一切智하사 與一切佛로 同入一

성　　불안명료　　견일체법　　개무장애
性하시며 佛眼明了하사 見一切法에 皆無障礙하시며

왕도 다 또한 이와 같이 부처님의 공덕을 찬탄
하였다.

그때에 세존께서 일체 보장엄전의 마니보장
사자좌 위에 결가부좌하셨다.

법신이 청정하고 미묘한 작용이 자재하여 삼
세의 부처님과 더불어 경계가 동일하며, 일체
지혜에 머물러 일체 부처님과 더불어 한 성품
에 함께 들어가셨다. 부처님의 눈이 명료하여
일체 법을 보시되 다 장애가 없으며, 큰 위력

유대위력　　보유법계　　미상휴식　　　구
有大威力하사 普遊法界하사 未嘗休息하시며 具

대신통　　수유가화중생지처　　실능변
大神通하사 隨有可化衆生之處하사 悉能徧

왕　　이일체제불무애장엄　　이엄기신
往하사대 以一切諸佛無礙莊嚴으로 而嚴其身하시고

선지기시　　위중설법
善知其時하사 爲衆說法이러시니라

불가설제보살중　　각종타방종종국토　　　이
不可說諸菩薩衆이 各從他方種種國土하야 而

공래집　　중회청정　　법신무이　　무소의
共來集하니 衆會淸淨하며 法身無二하며 無所依

지　　이능자재　　기불신행
止하야 而能自在하야 起佛身行이러라

이 있어 법계에 널리 노닐어 일찍이 쉬지 않으
셨다. 큰 신통을 갖추고 교화할 중생이 있는
곳을 따라 모두 능히 두루 가며, 일체 모든 부
처님의 걸림없는 장엄으로써 그 몸을 장엄하
고 그 때를 잘 알아서 대중을 위하여 법을 말
씀하셨다.

말할 수 없는 모든 보살 대중들이 각각 타방
의 갖가지 국토로부터 함께 와서 모이니 대중
모임이 청정하며 법신이 둘이 없으며 의지하
는 바가 없어서 능히 자재하여 부처님 몸의 행
을 일으켰다.

좌차좌이　　　어기전중　　자연이유무량무
坐此座已하신대 於其殿中에 自然而有無量無

수수특묘호　　출과제천공양지구
數殊特妙好한 出過諸天供養之具하니라

소위화만의복　　도향말향　　보개당번　　기악
所謂華鬘衣服과 塗香末香과 寶蓋幢幡과 妓樂

가찬　　　여시등사　　일일개실불가칭수　　이
歌讚이니 如是等事가 一一皆悉不可稱數라 以

광대심　　　공경존중　　　공양어불　　시방일
廣大心으로 恭敬尊重하야 供養於佛하니 十方一

체도솔타천　　실역여시
切兜率陀天도 悉亦如是러라

〈大方廣佛華嚴經 卷第二十二〉

이 자리에 앉으시자 그 궁전 가운데 저절로 한량없고 수없는 특수하고 묘하고 아름다운, 모든 하늘보다 뛰어난 공양구가 있었다.

이른바 화만과 의복과 바르는 향과 가루향과 보배일산과 당기와 깃발과 기악과 노래와 찬탄이었다. 이러한 일들이 낱낱이 모두 다 셀 수 없었다. 넓고 큰 마음으로 공경하고 존중하여 부처님께 공양올리니, 시방의 일체 도솔타천에서도 다 또한 이와 같았다.

大方廣佛華嚴經

부록

•

대방광불화엄경 목차

•

간행사

대방광불화엄경
목차

간 행 사

귀의삼보 하옵고,

『대방광불화엄경』의 수지 독송과 유통을 발원하면서 수미정사 불전연구원에서『독송본 한문·한글역 대방광불화엄경』과『사경본 한글역 대방광불화엄경』을 편찬하여 간행하게 되었습니다.

『화엄경』은 우리나라에 전래된 이래 일찍부터 사경되고 주석·강설되어 왔으며 근현대에 이르러서는『화엄경』의 한글 번역과 연구도 부쩍 많이 이루어졌습니다. 그만큼『화엄경』이 우리 불자님들의 신행과 해탈에 큰 의지처가 되었던 것임을 알 수 있습니다.

『화엄경』을 독송하고 사경하는 공덕은 설법 공덕과 함께 크게 강조되어 왔습니다. 그리하여 수미정사 불전연구원에서도『화엄경』(80권)을 독송하고 사경하는 데 도움이 되도록 한문 원문과 한글역을 함께 수록한 독송본과 한글역의 사경본『화엄경』간행불사를 발원하였습니다. 이『화엄경』간행불사에 뜻을 같이하여 적극 후원해주신 스님들과 재가 불자님들께 깊이 감사드립니다. 또한『화엄경』을 수지 독송할 수 있도록 경책의 모습으로 장엄해 주신 편집위원들과 담앤북스 출판사 관계자들께도 고마움을 표합니다.

끝으로 이 불사의 원만 회향으로『화엄경』이 널리 유통되고, 온 법계에 부처님의 가피가 충만하시길 기원드립니다.

나무 대방광불화엄경

불기 2564년 ‘부처님오신날’을 봉축하며
수미해주 합장

위태천신(동진보살)

수미해주 須彌海住

동국대학교 명예교수
중앙승가대학교 법인이사
대한불교조계종 수미정사 주지

독송본 한문·한글역
대방광불화엄경 제22권

| **초판 1쇄 발행_** 2022년 3월 24일

| **엮은이_** 수미해주
| **엮은곳_** 수미정사 불전연구원
| **편집위원_** 해주 수정 경진 선초 정천 석도 박보람 최원섭
| **편집보_** 무이 무진 지욱 혜명

| **펴낸이_** 오세룡
| **펴낸곳_** 담앤북스
　　　　서울특별시 종로구 새문안로3길 23 경희궁의 아침 4단지 805호
　　　　대표전화 02)765-1251　전자우편 damnbooks@hanmail.net
　　　　출판등록 제300-2011-115호
| **ISBN_** 979-11-6201-351-9　04220

정가 15,000원